La vie d'autrefois dans les Hautes-Pyrénées

Du même auteur

La Vie d'autrefois en Gironde, 1994.
La Vie d'autrefois dans les Landes, 1994.
La Vie d'autrefois en Périgord, 1995.
La Vie d'autrefois dans le Lot-et-Garonne, 1995.
La Vie d'autrefois dans le Béarn, 1996.
La Vie d'autrefois dans le Gers, 1996.
Les Mystères du Sud-Ouest, 1997.
La Vie d'autrefois en Aveyron, 1999.
Les Mystères du Berry, 1999.
La Vie d'autrefois dans le Puy-de-Dôme, 2000.
La Vie d'autrefois à Lyon et dans le Rhône, 2001.
La Vie d'autrefois en Ariège, 2001.
La Vie d'autrefois en Vendée, 2004.
La Vie d'autrefois en Corrèze, 2004.

 Ce livre a été imprimé et relié par Pollina à Luçon (85) – France.
La photogravure est de Photogravure d'Aquitaine à Bordeaux.
ISBN : 2.87901.486.7 – Éditeur : 1402.02.02.02.06 – N° d'impression : L92210

Jean-François Ratonnat

La vie d'autrefois dans les Hautes-Pyrénées

ÉDITIONS SUD OUEST

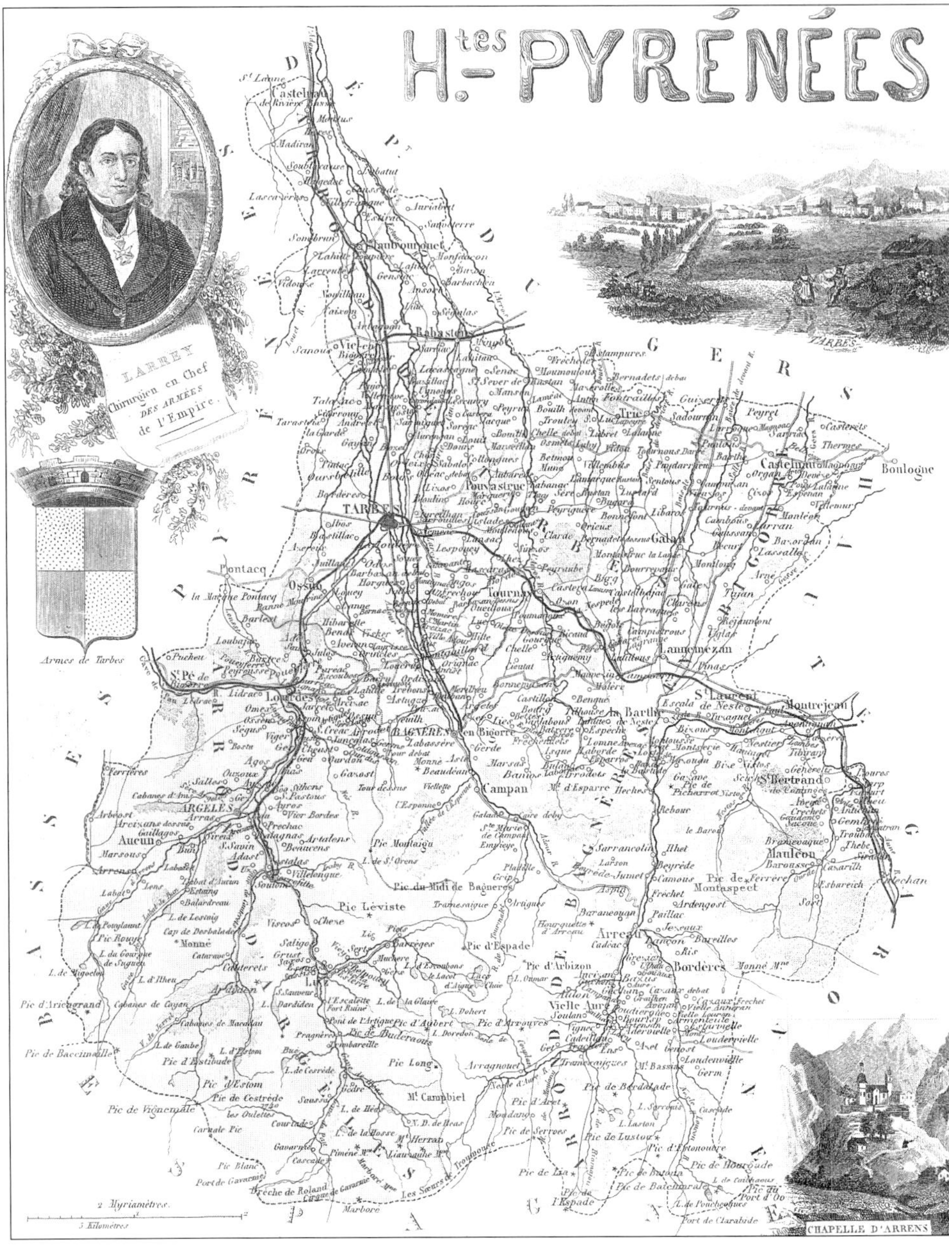

Le département des Hautes-Pyrénées tel qu'il se présente en 1879 (coll. J.-F. R.).

Depuis les Romains

L'HISTOIRE NOUS DIT qu'au temps des Romains, Turba (Tarbes) est le fief des Bigerris, l'une des nombreuses tribus de la Novempopulanie, et que Bagnères est déjà un établissement thermal renommé, connu sous le nom de Vicus Aquensis, le Bourg des eaux.

Comme toute cette partie des Pyrénées, la région est traversée par de nombreux envahisseurs. Et si les Vandales, les Alains et les Suèves ne font que passer, les Wisigoths y demeurent jusqu'à ce qu'ils soient défaits par les Franks à Vouillé en 507.

Les Sarrasins, mis en déroute à Poitiers, ravagent le pays à leur retour. À cette époque se situe la légende qui veut qu'un prêtre de Tarbes, enrôlant les habitants de la ville sous sa bannière, fait grand carnage de Maures entre Ossun et Louey. Tous ceux qui ne périssent pas dans le massacre sont baptisés d'office et deviennent la race maudite des cagots.

Au IXe siècle, Louis le Débonnaire donne le comté de Bigorre à Loup-Dorat, oubliant que l'aïeul de celui-ci avait préparé et consommé la défaite de Charlemagne à Roncevaux, en se mettant en embuscade avec un fort parti de Vascons. La Bigorre, enclave du duché de Gascogne, en est alors détachée et ne relève que du domaine royal. Après les invasions normandes, le pays échoue par un mariage à la maison de Béarn, bien que, contraint par les armes, il doit rendre un hommage passager à Sanche, roi d'Aragon (1090). C'est au comte Bernard II que l'on doit les *Fors de Bigorre* (1097) qui sont la rédaction écrite des coutumes provinciales, derniers vestiges de la législation romaine.

À la mort de Centulle III, surnommé le grand Justicier grâce aux chartes d'affranchissement dont il dote de nombreuses communes, la Bigorre épouse diverses secousses politiques, dues aux six mariages de la comtesse Pétronille. Le pays passe tour à tour sous la domination du Béarn, de Guy de Montfort,

Cauterets, comme la plupart des cités thermales, est connue des Romains qui, les premiers, mettent en évidence les propriétés de ses sources (coll. J. Sainz).

Arreau, au cœur de la vallée d'Aure, est traversée par la Neste de Louron, une des nombreuses rivières descendant des montagnes (coll. J. Sainz).

Le Monné, culminant à 1 248 mètres, est un lieu de promenade fréquenté par les villégiaturistes des stations (coll. J. Sainz).

de Leceister, de Philippe le Bel, pour être finalement cédé à l'Anglais par le traité de Brétigny (1360). Mais les habitants, soutenus par leur voisin Gaston Phébus, rendent la province aux princes de Navarre.

Dans le courant du XVIe siècle, les doctrines de Luther et de Calvin se propagent activement dans la contrée, du fait d'un clergé peu instruit qui, laissant faire, ouvre même ses églises aux nouveaux prédicateurs, si bien que pour enrayer l'avancée de cette religion, il fait appel à Charles IX qui envoie Montluc et Terride dans les Pyrénées, avec mission de rétablir la foi catholique. De son côté, Jeanne de Navarre, pour développer le protestantisme, intime le même ordre à son lieutenant Montgomery. Les combats sont terribles, les deux armées couvrant la Bigorre de ruines. Tarbes devient ville déserte pendant trois ans à la suite d'un assaut où l'on égorge jusqu'au dernier soldat catholique. Pour éviter la propagation des maladies par les cadavres, les paysans des alentours mettent huit jours à les enterrer ou à les jeter dans des puits. À Rabastens, la population protestante, après avoir capitulé, est massacrée tout entière. L'administration de Catherine, régente des États de Navarre, calme pour quelque temps la ferveur des deux parties, et la ligue vient clore, par un dernier désastre, tant de calamités. Ses partisans commettent des dégâts si horribles que de nombreux cultivateurs abandonnent leur terre et s'exilent en Espagne. La paix ne revient en Bigorre que lorsque, par édit royal de 1606, elle entre dans le domaine de la couronne.

Le département

L'*Atlas Migeon*, paru en 1880, présente le département comme *«borné par le Gers, la Haute-Garonne et les Basses-Pyrénées, et faisant frontière avec l'Espagne au sud. Il tient son nom de sa position sur la partie la plus haute du massif pyrénéen. C'est une région très montagneuse qui se termine par la belle plaine de Tarbes. »*

« Ses points culminants sont la Maladeta (3 312 mètres), le mont Perdu (3 355 mètres), le Vignemale (3 298 mètres), Néouvielle (3 091 mètres), pic du Marboré (3 253 mètres), le pic du Midi de Bigorre (2 872 mètres), la Brèche de Roland (2 804 mètres) et Badescure (2 752 mètres). Les pics d'Aiguillon, de Bergons, de Montaigu, d'Ayré et d'Arbiron sont les autres montagnes. »

« Les ports, ou passages, atteignent de très grandes élévations, ainsi le col du Tourmalet à 2 115 mètres. L'entrée en est souvent obstruée par des frimas l'hiver, et des ouragans terribles engloutissent les voyageurs dans des tourbillons de neige. »

« Le département est coupé par un grand nombre de vallées pittoresques, surtout à l'époque où la végétation est dans toute sa force. On cite pour leur beauté Lourdes, Argelès, Pierrefitte, Luz, Campan, Cauterets, Gavarnie, Aure… »

« Parmi les nombreux cours d'eau dont aucun n'est navigable, citons la Garonne, la Save, le Gers, la Baïse, le Bouès, l'Arros, l'Adour, l'Estreux, la Neste, les gaves de Pau, de Cauterets… ainsi que des lacs de peu d'étendue. »

« Les communications se font par six canaux d'irrigations, six routes nationales, huit départementales et 2 200 chemins vicinaux. »

À cette époque, c'est-à-dire en 1880, les cultures céréalières, sarrasin et maïs, sont insuffisantes pour subvenir aux besoins départementaux. Les pommes de terre sont abondantes et les prairies et pâturages excellents.

Si les bois s'étendent sur 84 611 hectares, les vignes en couvrent 15 382 et donnent un vin de bonne qualité, dont les meilleurs crus sont autour de Madiran, Castelnau et Peyrignères.

L'élevage concerne les chevaux, les mules et les ânes, les bêtes à cornes et les moutons. Les volailles, et les oies surtout, sont en grande quantité. Les chiens sont renommés pour leur belle taille et leur grande vigueur.

« *Une population active*, lit-on encore dans l'*Atlas Migeon* de 1880, *habite les montagnes, riches en bestiaux. Sa manière de vivre rappelle celle des anciens peuples pasteurs. Les bergers ont leurs habitations d'hiver et celles d'été, les unes dans les vallées basses, les autres dans les vallées supérieures. C'est dans celles-ci que, dirigeant les eaux avec intelligence, ils cultivent les prairies qui doivent, pendant l'arrière-saison, fournir la nourriture de leurs troupeaux. Le même filet d'eau abreuve les possessions contiguës, placées les unes au-dessous des autres. Une ardoise posée de champ est la seule écluse qui coupe son cours où l'on veut, et le renvoie dans les canaux voisins, où les mêmes moyens le dirigent de prairie en prairie, jusqu'au plus bas de la pente qu'il doit fertiliser. Pendant que toute la famille s'occupe de la culture, un seul homme conduit les troupeaux dans les montagnes les plus élevées, où des pâturages naturels les attendent. L'automne ramène le bétail dans la maison d'été, que la famille a quittée pour descendre au village. Le berger passe l'hiver dans cette solitude avec ses bêtes qui consomment la provision qui leur a été préparée. Il brave les rigueurs de la saison, les neiges, les autans et les avalanches. Il n'a pour nourriture que le lait de ses vaches chétives, car les bestiaux de ces montagnes sont loin d'avoir la vigueur de ceux des Alpes.* »

L'agriculture

DANS LA VALLÉE DE LA BIGORRE, le bocage est entrecoupé de haies de ronces et de murettes de pierre sèche. Domaine des vipères, celles-ci deviennent de plus en plus fréquentes au fur et à mesure qu'on s'élève dans la montagne. Si les murettes délimitent, en les morcelant, les propriétés, elles servent surtout à retenir la terre arable qui, sur les fortes pentes, aurait tendance à glisser.

À l'est du département, le plateau de Lannemezan est divisé en six *ribeyres*, collines plus ou moins parallèles séparées les unes des autres par des rivières. Sur chacune, le côté du couchant, abrupt, est couvert par la forêt, tandis que le versant du levant, en pente douce, est réservé aux cultures.

Le long des rivières, sur une bande de lande fertile appelée *saligue*, poussent des arbustes et des arbrisseaux, dont l'osier qui sert à la confection des paniers, fabrication artisanale d'appoint fort répandue.

Les exploitations agricoles, assez nombreuses, occupent, pour les plus importantes, une grande main-d'œuvre de domestiques, saisonniers et journaliers. Mais la majorité appartient à des petits propriétaires mal outillés qui, n'ayant pas assez de terres, doivent se louer quelque temps comme journaliers chez les autres.

L'émigration

De 1845 à 1913, les autorités départementales assistent, impuissantes, au départ de plus de 25 000 Bigorrais, décidés ou contraints de quitter leur terre natale.

La population comptait 225 861 âmes en 1891. Ce chiffre, dans les années qui suivent, est en constante diminution : 215 546 en 1901, puis 206 105 en 1911. Certains partent à l'étranger, en Amériques du Nord et du Sud. Ils rejoi-

LES PYRÉNÉES (3. SÉRIE)
1053. ~ GRAND-PÈRE ET PETITS ENFANTS
VRAIS TYPES MONTAGNARDS

gnent les communautés de Basques auxquelles on les assimile rapidement. D'autres montent à Paris ou s'installent dans les grandes villes comme Toulouse ou Bordeaux.

Les causes de cette émigration sont multiples. Il faut les trouver dans la rudesse de l'existence dans ce pays aux trois quarts montagneux, dans l'hygiène précaire et quasiment inexistante dans les villages des hauteurs, séparés du monde pendant le long hiver, ou dans le manque d'argent qui entraîne une baisse de la natalité. En 1904, les statistiques départementales révèlent 1 335 mariages, 14 divorces, mais seulement 3 756 naissances contre 4 217 décès.

Les élus, conscients du problème, tentent de trouver une explication à ce phénomène. Le sénateur Alphonse Soucaze, notaire et conseiller général du canton de Campan, pense au début du XXe siècle que la dépopulation est due à « l'égoïsme, le désir de maintenir le patrimoine, le mépris des observances religieuses et le fonctionnarisme ». Pour exhorter ses concitoyens à procréer, il reprend le mot du ministre Méline : « L'agriculture manque de bras. » Son discours reste cependant sans effet, et la diminution de la population se poursuit. Il est bon de rappeler à l'occasion que le sénateur est un célibataire endurci.

À côté de cette dépopulation définitive, existe une migration saisonnière, comme on en trouve dans tout le massif des Pyrénées. Les chevriers d'Aucun s'en vont se louer, de mars à septembre, en Provence ou en Guyenne ; certaines familles paysannes des vallées d'Aure, du Louron ou d'Argelès passent de longs mois en Espagne où le travail agricole est mieux payé, tandis qu'à la belle saison, les hommes de Campan ou de Barèges quittent le village pour aller travailler dans les moulins à huile de Catalogne et d'Aragon.

L'élevage

La montagne se dépeuple inexorablement. Devenant peu à peu, au début du XXe siècle, le domaine d'un tourisme hivernal nouveau, elle conserve néanmoins son rôle de pâturage pour les troupeaux.

Ci-contre : la dépopulation est apparue très tôt dans le département. La rudesse de la vie en montagne, le manque d'hygiène et une certaine misère en sont les causes principales (coll. J. Sainz).

Le départ des animaux pour les herbages, quand la neige a fondu, est un moment important de la vie rurale. Il signifie que le fermier peut recommencer à travailler la terre (coll. J. Sainz).

Les paysans attendent avec impatience «l'ouverture de la montagne», c'est-à-dire le moment de la fonte des neiges, en avril ou mai, pour mener leurs bêtes sur des prairies neuves, car les travaux de la ferme ne commenceront que lorsque les troupeaux seront en estive. Ils n'en redescendront qu'une fois le foin pour l'hiver engrangé. Cette longue errance des bêtes est rendue possible par l'état de vaine pâture de la vallée : les animaux de tous les fermiers peuvent circuler librement jusqu'à ce que la neige les oblige à regagner l'étable. Seules quelques parcelles, pour protéger la forêt, sont interdites aux troupeaux, et les *bédailhers*, ou gardes champêtres, veillent scrupuleusement au respect des obligations de chacun, qui concernent aussi la montée en estive et la descente des troupeaux, décidées par les conseils municipaux.

L'été, toutes les bêtes partent en montagne. Les fermiers ne gardent auprès d'eux que les animaux de travail et ceux destinés à l'abattoir, qui restent parqués dans un enclos, le *buala*.

Il n'est pas rare que les bergers accueillent, dans la limite permise par l'abondance de l'herbe, des troupeaux étrangers, moyennant une sorte de taxe appelée *baccade*.

Les petits propriétaires, ceux qui n'ont pas assez de terre, font brouter leurs quelques chèvres le long des chemins (coll. J. Sainz).

Les éleveurs de chiens vendent leurs bêtes sur les marchés réservés, comme ceux de Tarbes des 1er mai et 1er août (coll. J. Sainz).

LES HAUTES-PYRÉNÉES
1312. - PATRE EN MONTAGNE

Le lait est descendu chaque jour des montagnes où paissent les troupeaux, pour être en partie vendu à la ville. On en garde toujours une bonne quantité pour fabriquer le beurre (coll. J. Sainz).

La vie du berger, en montagne, est rythmée par les traites du matin et du soir. Ici, pas de fromage. Le lait est descendu tous les jours dans la vallée par le berger lui-même, à moins que quelqu'un de la ferme vienne le chercher avec une charrette tirée par un âne. Il en profite pour apporter de la nourriture et du vin au berger qui passe alors tout l'été dans sa cabane sur la montagne.

Il est important de récupérer rapidement le lait, pour le beurre qu'on ne fabrique qu'à la ferme et qui est source de revenus. Chacun a son tour de main et le beurre de Campan, par exemple, a une excellente renommée sur les marchés de Bagnères-de-Bigorre, où les femmes vendent chaque semaine ce qu'elles n'ont pas négocié avec les marchands d'Ossun qui, dès la fin du XIXe siècle, viennent le ramasser directement dans les fermes.

Ci-contre : l'élevage du mouton dans la région de Campan a fait la réputation de la ville, dont on dit que la laine est la meilleure des Pyrénées, car elle est anti-mites (coll. J. Sainz).

Dans le burgnet

Sur la montagne, l'été, les bergers vivent assez chichement dans l'inconfort de leur cabane. Une écuelle, une cuiller en bois, une planche recouverte de fougères pour dormir et quelques rares ustensiles forment tout le mobilier. Comme ses bêtes, le berger boit l'eau des ruisseaux et conserve sa nourriture au frais dans des trous creusés dans le sol et remplis de neige. La glace s'y garde longtemps et, fondue au soleil, elle donne une eau fraîche et désaltérante.

Longtemps, le vacher a dormi dans un *burgnet*, une sorte de caisse avec un couvercle, aussi étroite mais un peu plus haute qu'un cercueil, qu'il transporte de pacage en pacage. Ainsi, au lieu de dormir à la belle étoile, passe-t-il la nuit dans sa drôle de boîte, un fusil à ses côtés, non pour se garder des ours qui à la fin du XIXᵉ siècle ont pratiquement disparu des montagnes, mais des loups qui rôdent parfois dans les Hautes-Pyrénées. On en a vu s'approcher des bergeries quand les proies habituelles devenaient rares.

Le chien des Pyrénées, excellent gardien dont on dit qu'il est le descendant des dogues du Tibet, surveille les troupeaux, ce qui permet au berger d'aller jeter un coup d'œil sur les moutons, qui montent plus haut que les vaches. Les moutons se gardent souvent seuls et ne demandent aucun travail particulier, puisque les agneaux sont élevés pour leur viande. On trouve cependant sur les flancs du Barassé ou de l'Arize de grands troupeaux regroupant les bêtes de plusieurs propriétaires, surveillés ceux-là par des bergers.

Les chevaux

Outre les ovins et les bovins, l'estive concerne les chevaux, les ânes et les mulets. À la belle saison, d'importantes troupes venant des villages des vallées montent en longues files vers les prairies des hauteurs, où elles vont grossir et se reproduire. Si les chevaux et les ânes sont d'un caractère calme, il faut se méfier des mules, souvent imprévisibles.

Une partie du troupeau de l'estive sert de montures aux touristes lors de leurs excursions vers le cirque de Gavarnie, tandis que les juments poulinières et leurs petits, galopant *« à houec de calhiou »*, c'est-à-dire en faisant des étincelles avec leurs fers sur les roches affleurant le sol, prennent de la force et du muscle avant d'être vendus aux foires d'automne.

Le berger des Pyrénées, dont on dit qu'il descend directement des dogues du Tibet, est un excellent gardien (coll. J. Sainz).

Les bergers mènent souvent en estive des troupeaux dont les moutons appartiennent à plusieurs propriétaires. La plupart du temps, ces animaux se gardent seuls dans la montagne (coll. J. Sainz).

Le cheval de Bigorre vit sur le plateau de Lannemezan depuis les temps les plus reculés. De petite taille, ses qualités de robustesse et de légèreté en font un animal de bât et de selle très apprécié. Mais, au XVIIIe siècle déjà, son élevage commence à décliner à cause de la concurrence des mulets espagnols. Un cheval demande trois à quatre ans pour atteindre sa pleine maturité, alors que quelques mois suffisent à une mule. L'implantation du haras de Tarbes, loin de freiner ce déclin, l'amplifie : le cheval de Bigorre est croisé avec des étalons étrangers. La race s'abâtardit alors au point que, déjà en 1789, les Tarbais déplorent « la perte presque totale des anciennes et belles races qui ornaient nos montagnes ».

Le cheval bigouran n'est plus qu'une survivance lointaine des beaux spécimens indigènes tant regrettés. Il n'en reste pas moins un animal robuste et toujours très apprécié.

Les maladie des animaux

Plusieurs caisses d'assurances agricoles contre la mortalité du bétail existent dans le département. Pour être précis, il y en a à peu près une par commune importante. Citons l'Avenir à Adervielle, créée en 1902, la Haute-Pyrénéenne à Aragnouet, créée en 1913, la Solidarité prévoyante à Bareilles (1907), la Sauvegarde louronaise à Bordères-Louron, la Sauvegarde de l'Étable à Cheust, Cotdoussan et Ourdis, la Mutuelle madiranaise à Madiran ou la Prévoyante à Sadournin, depuis 1899.

Bien sûr, les animaux sont sujets aux maladies. La plus répandue au début du XXe siècle reste encore la rage. On recense trente-neuf chiens et huit chats atteints en 1909. On doit les abattre en même temps que, par précaution, cent vingt et un chiens et vingt-deux chats suspects.

Dans la région de Rabastens, à Sénac, Sarriac et Mingot, dix-sept animaux succombent à la maladie du charbon. Dans l'arrondissement d'Argelès, on déplore la perte de vingt-huit bovins dont cinq veaux, souffrant du même mal. Si la tuberculose semble stationnaire, bien qu'elle fasse toujours quelques dégâts, le rouget cause la perte de quinze porcs dans l'arrondissement de Tarbes et trois dans l'arrondissement de Bagnères. Pour cette maladie, dix-sept animaux seulement ont été vaccinés en 1909.

Trois villages à part

Ossen, Ségus et Omex, trois villages de la vallée de Batsouriguère, dont le nom signifie «la vallée ensoleillée», ont une méthode particulière pour gérer leurs biens communaux. Pâturages, forêts ou carrières d'ardoise des trois bourgs sont en indivision. Les prairies de la montagne du Béout par exemple, situées sur le territoire d'Ossen, sont utilisées par les éleveurs des trois communes. Même chose pour celles du Prat d'Oü Rey, sur le territoire de Ségus, ouvertes aux animaux d'Ossen et d'Omex. Dans cette vallée, si les terres appartiennent nominalement à un ou plusieurs propriétaires, leur utilisation est dévolue, par roulement, à chaque famille qui peut de ce fait profiter tous les ans d'une partie des terres les mieux exposées.

La terre, la récolte

Le travail de la terre commence dès que les bêtes ont gagné la montagne. Labourages, semailles, récoltes, le rythme est immuable, millénaire. Le paysan ne craint pas l'averse qui tombe ou menace quand l'ouvrage est à faire. Toute la famille participe, les hommes guidant la charrue tirée par une paire de bœufs, les femmes et les jeunes filles bêchant le sillon devant le pesant attelage. Ainsi les paysans passent le printemps, l'été et l'automne, le dos courbé sur la terre nourricière. Si les céréales, blé ou avoine, sont en quantité insuffisante, à peine de quoi, pour chaque famille, faire son pain et agrémenter un peu la nourriture des bêtes et des volailles, le maïs et le foin occupent du temps et sont d'un bon rapport.

On fait deux coupes de foin par an, le plus souvent à la faux, car les faucheuses mécaniques, tirées par un cheval, ne peuvent aller partout, ni là où la pente est trop forte, ni là où les parcelles ne sont accessibles que par des chemins peu carrossables quand ils existent. Et le progrès, encouragé par la Troisième République, est loin d'être à la portée des petits propriétaires qui, n'ayant que leurs bras pour travailler leurs deux ou trois hectares, ne peuvent se l'offrir.

Alors, de loin en loin, on voit, sur les flancs des montagnes, des hommes qui, d'un geste sûr et lent, font tomber l'herbe haute. Les femmes et les plus âgés de la famille étendent le foin fraîchement coupé pour le faire sécher. Puis, une fois sec, le ratissent et le regroupent en meules avant de l'entasser dans les granges aérées où, à l'abri de la pluie et des intempéries, il attend de servir de nourriture et de couche au bétail, pendant l'hiver.

Le foin est rentré dans les granges soit sur un traîneau tiré par une mule ou un âne, soit à dos d'homme quand c'est la seule solution possible.

Pour ce faire, les faucheurs étendent sur le pré une grande toile sur laquelle ils déposent une quantité de foin, autant qu'ils peuvent en porter. Ils nouent les quatre extrémités de la toile de manière à en faire un énorme ballot puis, assis par terre, ils basculent le fardeau sur leur tête et leurs épaules, disparaissant presque entièrement dessous. Puis, dans un effort bref et violent, ils se lèvent et, chargés comme des mulets, descendent d'une démarche lente pour mieux assurer leur équilibre, jusqu'à la grange où ils déposent leur encombrante charge. Les femmes et les filles de la maison font de même, portant sur leur dos des fardeaux déjà lourds.

Quand les champs sont trop éloignés de la ferme, la récolte est entassée dans des granges-étables que les propriétaires possèdent sur leurs prairies, et dans lesquelles ils vivent le temps de la fenaison. Descendant de l'estive, les animaux se nourrissent d'abord de ce foin au début de l'hiver. Puis, ces quantités épuisées, on les conduit à la ferme où les attendent les dernières rations.

Dans la montagne, les animaux sont rassemblés la nuit dans des parcs délimités par des barrières mobiles, que les bergers changent constamment de place. Le fumier restant dans ces enclos est récolté régulièrement, et descendu à la ferme, pour servir de fumure aux cultures. Car si les engrais chimiques apparaissent dès la fin du XIXe siècle et si leur emploi est vulgarisé par les syndicats agricoles, ou par les instituteurs entretenant un jardin d'école comme le préconise le ministère de l'Instruction, ils ne sont encore utilisés que par les exploitants à la pointe du progrès disposant de machines modernes pour les épandre, machines qui, d'ailleurs ont été inventées dans le premier but de lutter contre les maladies de la vigne.

Le blé est semé au printemps. Bien qu'en quantité insuffisante pour couvrir tous les besoins du département, il faut quand même le faucher et le moisson-

Les femmes sont aussi actives que les hommes pour les travaux de la terre. Lors des fenaisons, ce sont elles qui ratissent et chargent les chars à bœufs (coll. J. Sainz).

ner, là encore à la faux. Travail pénible et harassant que celui-ci, fait nécessairement sous le soleil par tous les hommes de la ferme, y compris les domestiques se louant pour l'occasion. Les hommes s'arrêtent régulièrement, pour affûter leur outil avec la pierre à aiguiser, rangée dans une corne de bœuf contenant de la paille et de l'eau, qu'ils pendent à leur ceinture de flanelle. La pierre doit être mouillée pour ne pas lancer des étincelles au contact du fer de la faux, au risque de mettre le feu à la récolte.

Fauchant droit devant eux, les moissonneurs sont suivis par les femmes qui, ramassant la paille, la mettent en gerbe et en font des tas. On chante pour garder le rythme autant que pour se donner du courage, car la tâche est rude et fatigante ; aussi la pause est-elle la bienvenue.

On mange vers dix heures du matin une petite collation, puis à midi, quand le soleil est au plus haut, c'est le déjeuner copieux, apporté par les filles ou les servantes de la ferme. Après quoi, les hommes font une petite sieste réparatrice. Certains aiguisent leurs outils, en rectifient le fil avec un marteau et une petite enclume portative qui se plante dans le sol. D'autres allument une pipe, d'autres

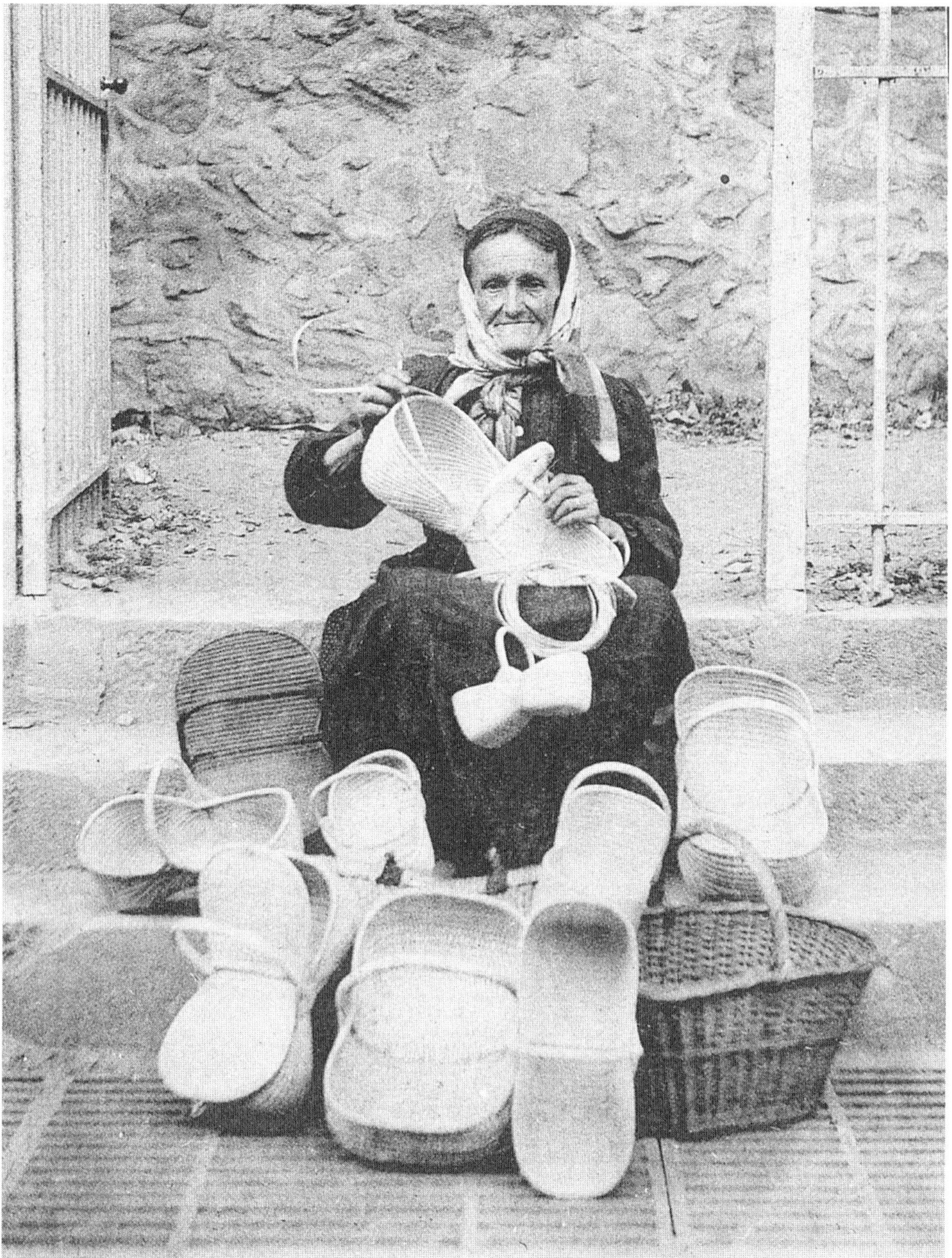
804. - CAPVERN-LES-BAINS. - TYPE DU PAYS - FEMME FABRICANT DES PANIER
PHOTOTYPIE LABOUCHE FRÈRES, TOULOUSE.

chiquent jusqu'à la reprise du travail. À quatre heures de l'après-midi, nouvelle collation, puis les faucheurs continuent tant que le soleil n'est pas couché. Les journées sont longues, il faut faire vite, les blés mûrs n'attendent pas.

Le progrès agricole

À la fin du XIXe siècle, l'abbé Fontan et les missionnaires du travail créent des sociétés mutuelles agricoles qui, très vite, connaissent un franc succès. Les paysans peuvent, par leur intermédiaire, obtenir des prêts, des semences et des outils moins chers. Mais le gouvernement de la Troisième République voit d'un très mauvais œil la prospérité de ces caisses rurales, et les oblige à changer leurs statuts ou à se dissoudre. De ce fait, des quatre-vingts en place en 1893, il en reste à peine trente au début du XXe siècle. Cependant, il existe d'autres sociétés agricoles, groupements, coopératives et syndicats qui aident les propriétaires les plus riches à acheter des machines agricoles modernes, telles les faucheuses-lieuses tirées par un cheval.

Ce progrès, qui n'est adaptable que sur les sols les moins pentus, procure un gain énorme de temps, de fatigue et de main-d'œuvre.

Quelle que soit la manière dont le blé ou l'avoine sont coupés, à la main ou mécaniquement, il faut séparer les grains des épis. Le battage se pratique encore au fléau à la fin du XIXe siècle et même au début du XXe, dans les plus petites exploitations. Ce travail archaïque est exténuant, et les femmes n'en sont nullement exemptées. Il demande une précise coordination des batteurs qui abaissent leur fléau l'un après l'autre sur les épis de blé couvrant le sol, à la rapidité d'un roulement de tambour. Gare à celui qui rate son coup, car les outils risquent de s'emmêler.

Mais dans les plus grandes exploitations, le progrès a heureusement remplacé le fléau par les moissonneuses-batteuses, mises en branle par une locomobile, grande consommatrice de bois.

Ci-contre : la vannerie locale trouve sa matière première sur la saligue, où pousse l'osier, le long des rivières (coll. J. Sainz).

Battre le blé est toujours un moment de grande joie. L'effervescence gagne la ferme dès que l'attelage de quatre ou six bœufs tirant les lourds engins arrive dans la cour. Elle continue quand, au petit matin, les fermiers des alentours et les ouvriers agricoles arrivent, un à un ou en groupe, à pied ou à vélocipède, pour prêter la main. Demain, c'est chez eux qu'on battra, c'est chez eux que la maîtresse de maison, aidée de ses domestiques et de quelques voisines expertes à plumer les poulets en un tour de main, préparera les repas pour les valeureux hommes qui, à cause de la fatigue et de la poussière avalée, boiront plus de vin que de cette bonne eau fraîche tirée du puits.

Le travail est dur, aucune place n'est moins pénible qu'une autre, les hommes répétant inlassablement les mêmes gestes tant qu'il reste un épi à battre.

Il y a ceux qui, juchés sur le pailler, jettent les gerbes sur la batteuse, ceux qui coupent les liens, celui qui dirige la paille et les épis dans la gueule de la machine d'un geste précis et rapide ; il doit être vigilant sous peine de se faire prendre les doigts. Il y a ceux qui récupèrent les sacs de 50 kg remplis de grain, qu'ils portent sur leurs épaules jusqu'au grenier de la grange où le blé va sécher quelque temps, et ceux qui, sous la chaleur torride du soleil, alimentent en bois le foyer de la locomobile.

Aussi le soir, pour le dernier repas, la fatigue, les chants, le plaisir du travail accompli et le vin de qualité quelconque se conjuguent-ils pour faire tourner les têtes. La nuit, certains ne retrouveront pas le chemin de la maison et s'affaleront dans les bras du premier buisson venu. Mais le lendemain, ils seront dispos pour un autre battage.

De même que le fléau est remplacé par la machine à battre, la faux par la faucheuse-lieuse, de même l'antique araire cède-t-elle le pas devant un nouveau type de charrue, la Brabant, aux bi-socs réversibles qui pénètrent profondément la terre et creusent des sillons bien droits. Tiré par une paire de bœufs ou des chevaux, cet outil, véritable révolution agricole, restera la charrue par excellence pendant le demi-siècle à venir.

Pour faner les foins, les râteaux mécaniques, larges de deux mètres, montés sur roues, font eux aussi gagner beaucoup de temps à l'agriculteur. À traction animale, légers, maniables, ils permettent d'étaler le foin et de le ramasser en tas avant de l'engranger.

La culture du maïs, comme sur ce document à Beyrèdes, dans la vallée d'Aure, est la seule à ne pas être déficitaire dans le département (coll. J. Sainz).

Cette mécanisation, synonyme de confort dans le travail, est aussi synonyme d'émigration. Les ouvriers saisonniers qui ne trouvent plus de place se dirigent vers d'autres métiers leur procurant un autre mode de vie, une autre ambition. Certains se font garçons de café dans les stations thermales à Bagnères, à Cauterets, à Argelès, d'autres vont s'embaucher à l'arsenal de Tarbes. Les changements de société sont trop importants, d'un seul coup. Le cinématographe fait parler de lui, l'hygiène entre dans les mœurs et, sur les routes, on voit quelques automobiles. Et puisque la plupart des hommes et des femmes savent lire et écrire, la vie des anciens de la montagne semble être tout à coup un monde n'ayant plus rien de commun avec celui dont parlent les revues que chacun peut acheter.

Le maïs

Fin du XIXe-début du XXe siècle, l'une des seules cultures excédentaires du département des Hautes-Pyrénées est celle du maïs, dont les produits de la vente permettent d'acheter le blé et l'avoine manquants. À cette époque, la plante n'est pas semée sur de vastes étendues. Elle subit, comme le reste, le morcellement des champs.

Quand la récolte, qui se fait à la main, est rentrée, l'opération la plus importante consiste à retirer les épis du fourreau de feuilles qui les enserre étroitement. Et pour cela, il faut de la main-d'œuvre. Alors, un soir d'automne, on invite les voisins et les connaissances, et tout le monde s'active. Mais si le travail se fait sérieusement, l'ambiance est à la légèreté. On plaisante, on chante, on se raconte les légendes ou les dernières nouvelles du pays. On plaisante sur Untel, on s'amuse d'un autre, car il s'en trouve toujours un qui a la langue bien pendue.

Les épis sont dépouillés de toutes leurs feuilles sauf de trois, qui serviront à les attacher entre eux, en une guirlande qu'on accroche sous l'auvent de la maison, jusqu'à ce que le froid raffermisse bien les grains. La maîtresse de maison prépare un repas qui clôture la journée et se termine tard dans la soirée. Le lendemain, on ira chez un autre fermier pour la même opération.

Plus tard, lors des veillées, on égrènera le maïs à l'aide d'une planche rugueuse. Quant aux feuilles, elles servent à rembourrer les paillasses des lits.

En ce qui concerne les autres cultures, celle de la pomme de terre domine largement, notamment du côté de Lannemezan où elle est aussi récoltée pour nourrir les animaux. Le buis poussant en Bigorre est utilisé pour fabriquer des souvenirs de piété et des chapelets pour les pèlerins de Lourdes.

Paysans-tisserands

La laine de Campan, la plus renommée des Pyrénées, ne se mite jamais parce qu'ici, on prend bien garde de tondre les moutons en lune vieille ou descendante. La laine, c'est la vie de Campan où chaque tricoteuse fabrique en une journée une chemise bien longue des bras, descendant jusqu'aux cuisses, que les montagnards portent été comme hiver.

Il y a des métiers à tisser dans toute la vallée, du moins dans les fermes ayant suffisamment de place pour en installer un. De génération en génération, ils n'ont jamais cessé d'être actifs, les grands-parents en transmettant les secrets du maniement aux plus jeunes. Jusqu'au début du XXe siècle, la plupart des vêtements usuels des montagnards et le linge de maison viennent du métier à tisser familial.

162 LOURDES. — *Un attelage paysan.* — LL

Avec le lin et le chanvre, les paysans-tisserands confectionnent, outre leurs vêtements usuels, les toiles qui protègent leurs bœufs des mouches (coll. J. Sainz).

L'hiver, quand la nature sommeille, le paysan abandonne ses outils pour la navette et l'aiguille, et change en étoffe la laine de ses moutons. Son travail correspond à des besoins familiaux, contrairement à celui des artisans tisserands des villages, dont c'est le métier. Plus rustique, il est mieux adapté aux vêtements de tous les jours du montagnard, alors que l'ouvrage des artisans, plus fin, trouve des débouchés dans les villes.

La quenouille

Chaque ferme cultive sa parcelle de lin. Semée en septembre et récoltée en mai, la plante est arrachée poignée par poignée. Souvent, les voisins aident à ce travail pénible, à l'issue duquel le lin sèche au soleil jusqu'à ce que la graine s'échappe. En août, il est battu, souvent au fléau. Commence alors le rouissage, qui permet de séparer l'écorce et la tige, collées par une gomme résineuse qu'il faut dissoudre. L'opération se fait soit dans un ruisseau, soit sur la rosée.

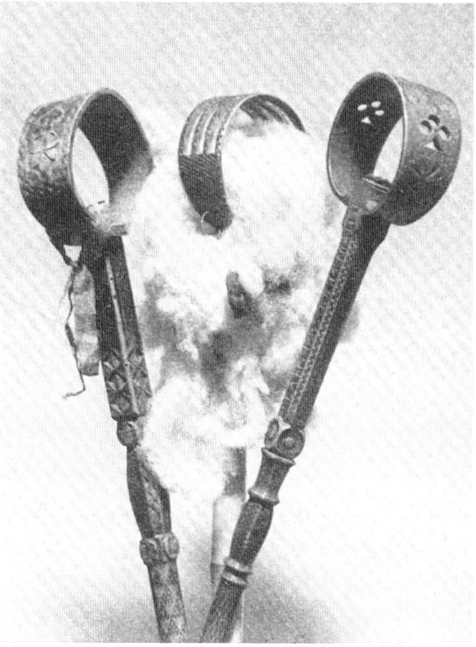

La quenouille fait partie intégrale de la silhouette féminine. Pendue à sa ceinture, elle est à la disposition de la femme qui file la laine dès qu'elle en a le temps (coll. J.-F. R.).

C'est ensuite le teillage laissant la plante sous forme de mèches raides, et enfin le peignage. On passe et repasse les mèches de lin sur une planche cloutée, en obtenant des fils de plus en plus fins selon la destination qu'on veut donner à la future étoffe : torchon, couvertures de bœufs, draps, linge de corps…

La laine de mouton, abondante, tondue, lavée et cardée sur place, est vendue brute. On ne garde que ce qui est nécessaire aux besoins de la famille, pour les matelas, les tricots et les tissus de laine servant à confectionner le capulet des femmes, qui leur couvre la tête et les épaules, et le capuchou, qui descend jusqu'aux pieds.

Filer la laine ou le lin est un travail exclusivement féminin. D'ailleurs, les femmes n'ont jamais les mains libres. Une fois leur tâche terminée, aux champs ou à la cuisine, elles attrapent la quenouille pendant à leur ceinture et filent auprès de la cheminée, aux veillées, en gardant les bêtes, en marchant, en papotant entre elles. Les plus âgées, sans familles, vivent maigrement du produit de leur quenouille, et pendant les longues soirées d'hiver, les fileuses d'une rue, d'un quartier se réunissent chez l'une d'elles, où elles filent de conserve jusqu'à onze heures ou minuit.

La quenouille est de fait un véritable symbole, toujours présent dans les moments importants de la vie d'une femme. À sa naissance, on souhaite de l'héritière « qu'elle soit fine et droite et fière comme le manche d'une quenouille » *(que sera fine et dreta et fiera coure ed mange dera horsera).*

De même au mariage, lorsque le premier voisin, la veille de la noce, conduit chez le futur époux les meubles, le lit et le trousseau de la promise, sa quenouille enrubannée est plantée en évidence en haut du chargement.

La maison

Dans la haute vallée de l'Adour, comme dans celle de l'Adour de Lesponne, les maisons conservent au début du XXe siècle leur toit de chaume, dernière caractéristique de l'ancien habitat bigorrais. On en voit en particulier dans les bourgs de Beadéan, Campan, Sainte-Marie-de-Campan et quelques hameaux d'alentour.

Dans les maisons où il y a un métier à tisser, on confectionne soi-même les tabliers et les jupes de tous les jours, faits pour durer (coll. J. Sainz).

Les murs-pignons sont à redans, sortes de marches recouvertes d'ardoises pour les protéger des éléments, et pour grimper plus facilement sur le toit quand il faut vérifier son étanchéité.

L'habitat de la région de Lannemezan est différent. Les fermes ont la cour entourée de murs et le fronton de la porte d'entrée de cette cour rappelle le pigeonnier qu'on rencontre aux confins du Béarn. Dans ces villages qui ont grandi le long des anciens chemins de crête, le bocage est moins morcelé qu'en montagne.

On rencontre ça et là des maisons-granges, avec d'un côté une pièce d'habitation pour la famille, et de l'autre l'étable pour le bétail et les réserves de foin. Ces logements rudimentaires offrent un confort et une hygiène des plus aléatoires.

Cependant, quel que soit le type de la maison, leur intérieur est toujours à peu près le même. Dans la cuisine, le four à pain est dans la cheminée, près de laquelle se trouve, creusé dans le sol, bien ouvragé dans une grande pierre, le trou à lessive. De fait, on n'a pas loin à aller pour prendre les cendres avec les-

Le capulet, qui couvre la tête et les épaules des femmes, est le vêtement traditionnel dans les Hautes-Pyrénées (coll. J. Sainz).

quelles on lave le linge. Un autre trou sert à garder les pommes de terre. L'évier, creusé dans une pierre avec une évacuation, est toujours devant la fenêtre. Au milieu de la pièce, la maie pour pétrir le pain est recouverte de planches. Elle sert en même temps de table. Quelques meubles, bancs, chaises, un bahut pour la vaisselle et un lit dans un coin forment le mobilier réduit au strict nécessaire. Un escalier étroit mène à l'étage, dans la chambre des maîtres de la maison.

Proche de la maison, le potager, lui aussi domaine réservé à la femme, est irrigué par les petits ruisseaux descendant de la montagne, selon un système ingénieux propre aux Hautes-Pyrénées. Partant de ces ruisseaux, les fermiers ont creusé des canaux parcourant leurs champs et leurs cultures. Chacun, selon un ordre déterminé par le conseil municipal du village, a son moment pour détourner l'eau sur ses terres. Cela se fait au moyen de simples ardoises formant un barrage. Ainsi, en en ajoutant ou en en enlevant quelques-unes, on amène l'eau là où il faut, là où elle est utilisée aussi bien pour abreuver les animaux que rincer la lessive, arroser le potager ou servir aux tâches ménagères de la maison.

Les foires, les marchés

Les hommes, vêtus d'une blouse bleue, le béret vissé sur le crâne et les femmes, coiffées d'un mouchoir noir, se ressemblent jusque dans leur mentalité qui leur fait préférer les pièces d'or et d'argent aux billets de banque en qui ils n'ont aucune confiance. Les foires et les marchés, au Marcadieu à Tarbes comme ailleurs, sont l'occasion pour le paysan de vendre les produits de ses récoltes et d'acheter ce dont il a besoin. Et si d'aventure il n'a pu faire autrement qu'accepter un billet, il s'empresse de s'en séparer, en payant par exemple un verre d'eau sucrée à une de ses connaissances rencontrée sur la foire, avec laquelle il commente les nouvelles du pays.

Des foires et des marchés, il y en a beaucoup. On en comptait quatre-vingts en 1880, chiffre qui, dans les premières années du XXe, n'est nullement en diminution. En voici quelques exemples.

À Aubarède, marché le samedi, foires le samedi avant le 22 janvier, avant les Rameaux, avant le 16 août et avant le 10 décembre.

Le marché aux chiens de Cauterets est parmi les plus renommés. Chacun peut y acheter un animal auprès des nombreux éleveurs spécialisés qui le fréquentent (coll. J. Sainz).

La foire aux bestiaux est un facteur majeur de l'économie rurale. Mieux les animaux se vendent et mieux se porte l'agriculture (coll. J. Sainz).

À Bonnefond, marché tous les lundis, foires le deuxième lundi de janvier, le troisième de février, le lundi avant le 20 mai (foire des moutons gras), le deuxième lundi d'août avec refoire le lundi suivant, le 30 août, le dernier lundi de septembre et le troisième de novembre. La foire pour la louée des domestiques et valets se tient le lundi de la Pentecôte.

À Madiran, marché le mercredi, foires le 22 janvier, le 26 avril et le 9 septembre.

À Maubourguet, grand marché tous les quinze jours les mardis, petit marché les mardis suivants. Foires le 3 février, le premier mardi de mai (foire aux chevaux), le 30 septembre pendant huit jours, et le premier mardi après la Toussaint (foire aux mules et aux chevaux).

À Rabastens, marché tous les lundis, foires le 22 janvier sur deux jours, le lundi de la Quasimodo, le lundi de la Trinité, le lundi après la Sainte-Anne et le 22 septembre.

À Tarbes, grand marché tous les quinze jours le jeudi, marché ordinaire le mercredi tous les quinze jours, marché au bois tous les samedis. Grande foire annuelle le troisième dimanche de juin, sur deux semaines. Foire aux chevaux le jour et le lendemain de la grande foire, les 8 et 9 mai à partir de 1880, les 10 et 11 novembre où sur le foirail de l'Adour on compte plus de deux mille bêtes, foire aux animaux gras en janvier le jour du comice agricole, foire aux chiens le 1er mai et le 1er août.

À Vic-Bigorre, marché tous les samedis, foires les 14 juillet, 27 août et 28 et 29 septembre.

À Arreau, marché tous les jeudis, foires le premier jeudi de janvier et de février, le jeudi gras, le jeudi avant les Rameaux et avant l'Ascension, les 11, 12 et 13 juin, le deuxième jeudi de juillet et d'août, le 9 septembre, le jeudi d'avant la Toussaint, le deuxième jeudi de novembre et le jeudi d'avant Noël.

À Bagnères-de-Bigorre, grand marché tous les samedis, petit marché les mercredis, foires le mardi et mercredi après la Pentecôte, le 25 août et le 9 novembre.

À Guchan, foire le 29 septembre, et à Guchen le jour de la Saint-Blaise et le 8 mai.

À Lannemezan, marché tous les mercredis, tous les mardis à Mauléon-Magnoac.

Pendant la foire, les bêtes sont dételées. Patiemment, elles ruminent en attendant le retour de leur maître (coll. J. Sainz).

À Sarrancolin, marché tous les mardis, foires le troisième mardi de janvier, le mardi de la première semaine de carême, celui d'après la Quasimodo, le troisième mardi de mai, le mardi après la Saint-Pierre, le troisième mardi de septembre, le mardi après la Toussaint et le premier de décembre.

À Argelès-Gazost, marché le mardi, foires le mardi de la semaine sainte, et le troisième mardi de mai et de septembre.

À Gavarnie, foire le 22 juillet, à Lourdes marché tous les quinze jours les jeudis en alternance avec les grands marchés de Tarbes. Foires les 28 avril, 18 octobre et 1er décembre.

À Luz, marché les lundis tous les quinze jours, foire les 8 juin, 16 août et 30 septembre.

Ces marchés attirent beaucoup de monde, au point que les municipalités demandent de prendre garde aux pickpockets qui se faufilent sans vergogne entre les groupes, subtilisant les portefeuilles trop visibles. Mais dès qu'il fait mauvais temps, il n'y a presque personne. C'est ce qui s'est passé à Arreau le

Il y a plusieurs marchés aux chevaux à Tarbes, en mai, en juin et en novembre. Il n'est pas rare de compter plus de 2 000 animaux sur le foirail de l'Adour (coll. J. Sainz).

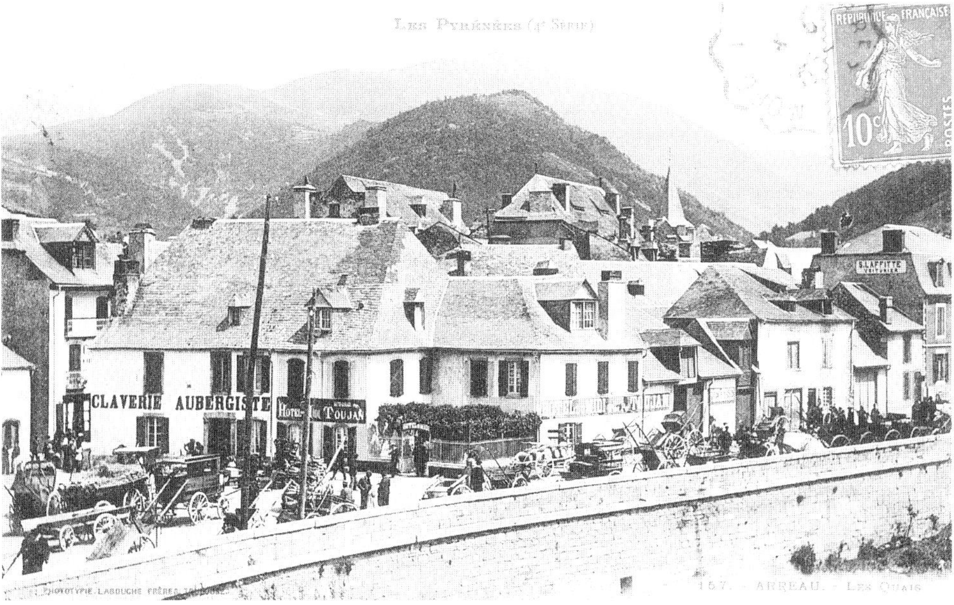

Les foires et les marchés sont les endroits où les paysans se rencontrent et vendent leurs récoltes pour acheter ce dont ils ont besoin. C'est un moment important de leur vie, qu'ils ne manquent pour rien au monde : c'est souvent le seul qui les fait aller à la ville (coll. J. Sainz).

5 avril 1907, où l'hectolitre de blé s'est échangé à 18 francs, le seigle à 15 francs, l'avoine à 12 francs.

Les poules valaient de 4 à 5 francs la paire, les poulets de 3 à 3,50 francs la paire, les canards de 3,50 à 4 francs la paire, les œufs à 55 centimes la douzaine et le beurre à 1 franc la livre.

Le lendemain, le marché de Castelnau-Magnoac se déroule, lui aussi, par mauvais temps. Il y a quelques différences de prix. Le blé s'y est échangé à 17,50 francs l'hectolitre, l'avoine à 12,50 francs, le maïs à 16 francs, le seigle à 13 francs, les pommes de terre à 8 francs.

La paire de poulets vaut de 5 à 5,50 francs, de poules de 5,50 à 6 francs, les pintades à 6 francs et les dindons de 13 à 14 francs la paire également. Les œufs s'échangent à 85 centimes la douzaine.

Concours d'animaux gras

Chaque année en janvier, sous la halle de Marcadieu à Tarbes, se déroule le concours d'animaux gras qui attire autant d'éleveurs que de curieux. Très renommé, il est toujours placé sous la présidence des plus hautes personnalités locales. En 1907, on trouve côte à côte, à la tribune officielle, le préfet Dupeyrat et M. Magnoac, le maire de Tarbes.

Les lauréats sont nombreux lors de cette édition, mais le grand vainqueur est M. Rambaud, de Momères, dont l'animal remporte le premier prix catégorie bœufs gras, devant la bête de Louis Duffau-Lamy, de Horgues. Ils gagnent à l'occasion 100 et 80 francs.

Les reporters de la presse locale ne donnent pas les noms des animaux, mais celui de leur propriétaire. Ainsi, pour la catégorie *Vaches grasses*, peut-on lire : 1. J.-M. Capdevielle, de Momères, 80 francs ; 2. Sylvain Capbern, de Bernac-Debat, 60 francs.

Moutons : 1. Dominique Barrère, de Saint-Martin, 50 francs.

Brebis : 1. Jean Courtade-Brion, de Bernac-Debat, 40 francs ; 2. Barthélemy Layerle-Bayron, du même village, 30 francs.

Ci-contre : le dentiste, à la foire aux cochons, soigne-t-il les caries des animaux ou bien évalue-t-il leur santé selon l'état de leurs dents ? (coll. J. Sainz)

Les Pyrénées *A la foire aux cochons — Le Dentiste*

A. Villatte, éditeur, Tarbes

Les femmes vont surtout vendre au marché les produits du potager et de la basse-cour, dont elles sont les seules à s'occuper à la ferme (coll. J. Sainz).

Porcs et truies : 1. Henri Penin, de Laloubère, 80 francs ; 2. Thomas Vignes, du même village, 70 francs. Dans cette catégorie, trente-six récompenses sont décernées.

Volailles mortes, oies : 1. Jean-Pierre Vergez, de Lausac, 10 francs ; 2. Jeanne Cazenave, de Laslandes, 8 francs.

Dindons : 1. Marie Capbern, de Fréchou-Fréchet, 8 francs.

Canards : 1. Jean-Marie Galin, de Bordes, 6 francs ; 2. Jeanne Cazenave, de Laslandes, 4 francs.

Chapons : 1. Vve Duffau, de Pintac, 6 francs.

Poules : 1. Jean Serp, de Frévhou-Fréchet, 4 francs.

Poulards : 1. Antoine Villeneuve, de Séméac, 4 francs.

Foies gras : 1. Jean-Pierre Vergez, de Lausac, 3 francs.

Beurre : 1. Gabriel Crampes, de Sémac, 8 francs.

La Société agricole et industrielle de l'arrondissement de Bagnères organise chaque année son comice dans une ville différente de la circonscription, Arreau, Campan, Capcern ou Mauléon-Barousse. Celui du 9 octobre 1900 a lieu à Campan, qui a la réputation d'être une ville riche de par l'importance de ses revenus forestiers. Plus de dix mille éleveurs, visiteurs et curieux mélangés se pressent à la manifestation, présidée comme chaque année par le préfet, qui se fait un plaisir de récompenser les meilleurs, avant que l'Harmonie bagnéraise ouvre le non moins traditionnel bal.

Le 5 septembre 1909, le comice se tient à Arreau, sous la présidence du préfet, bien sûr, et du député Noguès qui accueillent ce jour-là M. Dujardin-Beaumetz, sous-secrétaire d'État aux Beaux-Arts, venu à Bagnères procéder à quelques inaugurations. M. Lenoir, maire d'Arreau, le sous-préfet de Bagnères, M. Boiry, et celui d'Argelès, M. Cleiftie, M. Ripert, inspecteur d'académie et M. Boué, professeur départemental d'agriculture, entre autres personnalités, l'accompagnent.

Ce comice agricole remporta sans doute un beau succès et les bêtes présentées durent faire honneur à leur race aussi bien qu'à leurs propriétaires. On le suppose, car la presse locale n'en dit rien, s'attardant plutôt sur les nombreuses décorations accordées par l'État à ses serviteurs, et que le sous-secrétaire aux Beaux-Arts se fait un plaisir d'épingler au plastron des récipiendaires au torse bombé par une légitime fierté.

M. Aubiban, maire de Bordères-Louronest, est fait officier de l'Instruction publique. MM. Goux, maire de Gensac, Jumère, instituteur à Cadéac, Rumeau, directeur du cours complémentaire d'Arreau, et Mlle Menvielle, directrice de l'école primaire d'Arreau, sont élevés au grade d'officiers d'Académie.

Quant à MM. Courrège, maire adjoint d'Aragnouet, Perarnaud, professeur à Arreau, Pichon, professeur à Ancizan, Jean-Marie et Jean-Pierre Trey, professeurs à Arreau, et Calamun, industriel dans cette ville, ils deviennent chevaliers du Mérite agricole.

L'école

Avant d'être laïque, gratuite et obligatoire pour tous, ainsi que le voulait la Révolution, l'école emprunte différents méandres obligés, tant à cause des conjonctures sociales que des conjectures politiques.

Au début du XIXe siècle, l'instruction est en grande partie l'affaire des congrégations religieuses. L'État intervient par la loi Guizot qui, en 1833, admet le principe de la liberté de l'enseignement, et organise l'école publique en obligeant les communes à ouvrir une école de garçons, gratuite pour les indigents.

En mars 1850, la loi Falloux réaffirme cette liberté de l'enseignement, mais donne au clergé un droit de regard sur l'instruction en générale. Les communes de plus de 800 habitants se doivent de tenir une école de filles, ce qui permet aux congrégations de se développer. Thiers compte d'ailleurs sur le curé pour, dit-il, « propager la bonne philosophie qui apprend à l'homme à souffrir ».

Cinq ans plus tard, c'est-à-dire en 1855, les facultés sont créées.

Victor Duruy, ministre de l'Instruction de Napoléon III, fait prendre en 1867 un grand virage à l'enseignement, lorsqu'il impose le français comme langue obligatoire à l'école, au détriment des idiomes et des parlers locaux. Cette révolution, dont a souffert une multitude d'enfants – à cause, bien souvent, d'un excès de zèle des instituteurs –, est surtout dictée par le besoin d'uniformiser l'instruction et pour permettre aux écoliers d'apprendre avec les mêmes livres. Par la même occasion, tous les Français parleront la même langue. Victor Duruy, qui finira sa carrière comme président du Conseil général des Landes, oblige les villages de plus de cinq cents habitants à entretenir une école de filles.

En août 1879, les écoles normales de filles sont créées dans chaque département et, en mars 1882, la loi Jules Ferry met une touche finale avec l'école obligatoire, laïque et gratuite jusqu'à l'âge de treize ans.

Cette loi charge, en outre, les communes de créer des commissions chargées de surveiller l'assiduité des élèves, tout en leur demandant de subvenir aux salaires des instituteurs. L'instruction civique et la leçon de morale remplacent l'enseignement religieux, et la prière est supprimée. Les écoles privées ne peuvent plus délivrer de diplômes scolaires : tous les élèves se présenteront aux mêmes examens, quelle que soit l'école à laquelle ils appartiennent. En conséquence, le personnel enseignant est laïcisé quelque temps plus tard, par la loi Gobbet de 1886. En 1889, au grand soulagement des municipalités, les instituteurs deviennent fonctionnaires de l'État.

Poursuivant sa réforme d'uniformisation de l'enseignement, l'État décide en 1904 de la fermeture de toutes les écoles religieuses. Cette loi est une étape logique et obligatoire dans la grande affaire du début du XXe siècle, que sera la séparation de l'Église et de l'État. Celle-ci, votée en 1905, repousse les ecclésiastiques à leur rôle premier de pasteurs, leur enlevant petit à petit tout pouvoir temporel. En mai 1912, ils seront théoriquement exclus de l'enseignement public.

Les bienfaits de l'école

L'école obligatoire est la grande réforme de la fin du XIXe siècle. Elle bouleverse la vie quotidienne des Français qui, maintenant, comprennent tous la même langue, même s'ils sont nombreux à utiliser le parler de leur enfance, lorsqu'ils sont en famille. Sachant lire et écrire, ils achètent les journaux, correspondent par lettres ou par cartes postales, ces espèces de petits cartons représentant un monument, un fait divers ou sportif et qui, dès la fin du XIXe siècle, est le moyen de communiquer à distance le plus utilisé.

Mais l'école est surtout l'endroit où l'on apprend, outre les leçons de choses, l'arithmétique et la grammaire, les notions d'hygiène élémentaire pour éviter la propagations des maladies les plus courantes. Les autorités ont bien compris que les enfants sont garants de changements. Ainsi, les instituteurs, chaque

Les écoles des villages de campagne souffrent du manque d'assiduité des enfants, souvent appelés à aider leurs parents pour le travail des champs. Il faut dire aussi que certains parents, ne sachant ni lire ni écrire mais compter, se demandent à quoi peut bien servir l'école (coll. J. Sainz).

matin, procèdent-ils à une inspection de propreté. Faisant placer les enfants en rang deux par deux, et leur demandant de prendre leurs distances, ils examinent la tête pour les poux, le nez, les mains et les oreilles. Gare à celui dont l'hygiène laisse à désirer : il est puni. Tous les jours, été comme hiver, les salles sont aérées le temps de la récréation, et le soir, avant de partir, les écoliers, dans certains villages, balayent eux-mêmes la classe à tour de rôle.

Cette application stricte des plus simples notions de propreté à l'école par des maîtres intransigeants a contribué à une nette avancée de l'hygiène dans les familles.

Le manque d'assiduité

L'un des plus gros problèmes rencontré par l'école obligatoire, outre les difficultés qu'ont certaines communes à trouver un bâtiment d'école décent, est l'absentéisme, surtout dans les campagnes où les petits bras sont aussi utiles que les autres, pour certains travaux saisonniers de la ferme. En fait, explique l'inspecteur d'académie au Conseil général en 1910, *« la fréquentation n'est bonne que de novembre à avril, avant les travaux des champs. On voit alors des enfants de onze ou douze ans abandonner l'école, avec ou sans certificat d'études ».*

Absentéisme encore les jours de foire ou de marché, quand les aînés restent à la maison pour garder leurs petits frères, leurs petites sœurs et le bétail pendant que les parent ne sont pas là.

Un autre frein à l'assiduité des enfants est la longueur du trajet qu'ils ont à parcourir pour se rendre à l'école, qui commence en général le matin à 9 heures. Ils se lèvent tôt et ne partent qu'après avoir accompli leur besogne. La neige couvrant les chemins, en hiver, rend la route dangereuse et mal pratique. Les petits, emmitouflés dans une lourde cape et les pieds gelés dans des grosses galoches, malgré leurs deux paires de chaussettes de laine, trouvent encore le moyen de lambiner en se lançant des boules de neige et en glissant sur les plaques gelées.

L'été, ils glanent ça et là des fruits sauvages qui leur barbouillent les lèvres, s'attardent à dénicher les moineaux, à chasser les grenouilles dans les ruisseaux par-dessus lesquels ils sautent en s'éclaboussant. Parfois, il leur arrive de rencontrer un paysan qui les fait grimper dans sa charrette, et les emmène jusqu'à l'école. Par tous les temps, ils emportent avec eux un petit panier contenant leur repas de midi, qu'ils prennent assis sous le préau de la cour, car les cantines n'arrivent pas en même temps que l'école obligatoire. L'hiver, les plus fortunés achètent pour un sou un verre d'alcool à l'épicerie du village, ce qui les réchauffe un peu. Mais ceux qui disposent d'un sou ne sont pas les plus nombreux.

L'école à Tarbes

La préfecture du département n'a pas attendu, pour s'occuper des ses écoles, la loi Jules Ferry, qui n'est que l'aboutissement logique des actions entreprises par les différents gouvernements en faveur de l'instruction publique.

Dès 1879, l'école des Frères, située rue Desaix, est laïcisée. La même année, la municipalité installe deux écoles dans les immeubles qu'elle vient d'acheter rue de Pau et rue Vieille Saint-Louis. En même temps, elle ouvre une école communale de filles, rue des Francs-Maçons. Ces écoles communales ne sont pas des constructions nouvelles, puisqu'elles ne font que prendre la place d'écoles religieuses existantes. La municipalité tarbaise suit à la lettre les décisions gouvernementales, ce qui suscite quelques remue-ménage populaires. L'école normale des filles est créée avec un peu de retard, puisqu'elle arrive à Tarbes en 1883. Six ans plus tard, l'école normale des garçons quitte les Hautes-Pyrénées pour s'établir à Auch, dans le département voisin du Gers. Les filles les suivront au tout début du XXe siècle.

Dans le courant de l'année 1887, la municipalité décide cependant de construire deux nouvelles écoles de garçons, l'une rue des Pyrénées, l'autre au Marcadieu, et une école mixte dans le quartier de l'Arsenal. À cette époque, dans les écoles mixtes, les garçons et les filles sont séparés : soit ils ont chacun une classe, soit la salle est coupée en deux par un panneau assez haut pour que les enfants ne se voient pas, mais assez bas pour que le maître d'école puisse surveiller les deux côtés de sa classe. Même les heures de récréation sont différentes, ainsi que celles d'entrée et de sortie. La morale est stricte sur le sujet, surtout pour les jeunes enfants. Il est hors de question que les écoliers se côtoient dans l'enceinte de l'école. Et les frères et sœurs fréquentant les écoles mixtes doivent le plus souvent s'attendre au coin de la rue s'ils veulent rentrer ensemble chez eux.

Sous le mandat Magnoac, au début du XXe siècle, d'autres écoles sont construites ou créées, l'école de filles de la place Saint-Blaise notamment. D'autres changent simplement de nom. Ainsi, l'école du Foirail devient école Arago. Des écoles congréganistes sont laïcisées et passent dans le giron civil, telle la maternelle de la rue du Cimetière-de-Sède.

Mais à partir de 1909, la municipalité refuse d'installer une école dans l'ancien évêché, prétextant que le ville est assez bien fournie en bâtiments scolaires, contrairement à Arreau qui, cette année-là, inaugure son groupe scolaire en présence de M. Dujardin-Beaumetz, sous-secrétaire d'État aux Beaux-Arts.

Arreau, qui possède une école primaire supérieure et un cours complémentaire supérieur de garçons, inaugure une nouvelle école en 1909 (coll. J. Sainz).

L'école dans le département

Au 31 décembre 1909, il y a huit cent douze écoles primaires, dont sept cent vingt-huit publiques et quatre-vingt quatre privées. Elles comprennent mille cinquante neuf classes, dont neuf cent dix-sept publiques, qui regroupent quatorze mille cent vingt-sept garçons et douze mille quatre cent quarante et une filles, tandis que les écoles privées laïques comptent mille quatre-vingt-onze garçons et deux mille cent soixante et une filles.

Les écoles maternelles publiques reçoivent trois cent soixante-quinze garçonnets et troix cent soixante-dix-neuf fillettes, les maternelles privées cent quatre-vingt-quatorze et cent quatre-vingt-dix-neuf.

Les classes enfantines publiques comptent sept cent cinquante-quatre garçons et huit cent quarante-six filles, les classes enfantines privées cent quatre-vingt-douze et trois cent six.

Après le primaire, les écoliers peuvent poursuivre un enseignement primaire supérieur à Tarbes, rue Larrey et rue de Pau, mais aussi à Lourdes, Lannemezan, Bagnères et Arreau pour les garçons.

L'école primaire supérieure de garçons de Bagnères, appelée aussi collège, compte cent quarante-huit élèves en 1909, sous la tutelle de cinq professeurs et de cinq maîtres auxiliaires. Cette année-là, lit-on dans le rapport du Conseil général, il lui manque quelques cartes de géographie, des tableaux d'histoire naturelle et des agrès pour la gymnastique. En revanche, les ateliers sont bien pourvus.

Treize élèves sont reçus au brevet élémentaire, dix à l'examen de surnumérariat des Postes, et deux au certificat des candidats chirurgiens-dentistes.

L'école primaire supérieure de filles de Vic-Bigorre compte cent quatre-ving-dix élèves, dont trente deux en première année, quarante en deuxième année, cinquante en troisième, quarante-troix en quatrième et vingt-trois en cinquième année. Un cours d'anglais y est créé en 1909. L'école compte cinquante-sept lauréates aux divers examens présentés en fin d'année.

Enfin, quarante-cinq nouvelles élèves ont intégré les classes de l'école primaire supérieure de Lannemazan, portant ses effectifs à cent cinq jeunes filles.

Les huit cent douze écoles du département sont dispersées dans six cent soixante-huit bâtiments publics, dont quatre-vingt-cinq doubles. Cinq cent cinquante-huit appartiennent aux communes et quatre-vingts sont en location ou prêtés. Ils ne sont pas tous en excellent état. On note des locaux défectueux à Galan, Bagnères (Soulagnets), Luz, Sazos, Arrens, Aucun… pour les écoles de garçons, et à Puydarrieux, Asturgue, Bagnères (Soulagets) Puntous, Galan, Sazos, Argelès-Gazost, Bénac… pour les filles. Autant d'écoles mixtes sont mauvais état, notamment celles de Gez-Argelès, Gavarnie, Annodets (Lourdes), Estaing, Bun…

Seules trois écoles nouvelles ont été livré à la rentrée 1909 : Lies, Lassalles et Arreau, alors que celles de Caixon, Galan, Tournay, Campan (Galade), Saléchan et Ossun (école de filles), en cours de rénovation, ne sont pas terminées à temps pour la même rentrée. Vingt-et-un autres projets de construction ou de rénovation restent à étudier par le Conseil général. Ce sera pour bientôt.

Pour tous ces enfants et toutes ces écoles, quatre cent quatre-vingt-treize instituteurs dont soixante-seize stagiaires, et quatre cent quatorze institutrices dont quarante-trois maîtresses auxiliaires sont nécessaires. Ils touchent globalement un million cinq cent dix-neuf mille huit cent soixante-seize francs, alors que les communes leur versent trente deux mille neuf cent soixante-huit francs d'indemnités de logement. Les instituteurs sont payés de mille cent francs pour un stagiaire à deux mille deux cents francs pour un directeur d'école (première classe), une directrice ne gagnant que deux mille francs.

Les futurs maîtres d'écoles garçons et filles, suivent leurs cours à l'école normale d'Auch. Ils sont trente six garçons et trente sept filles du département.

L'enseignement congréganiste

Au début de l'année 1901, on recense, dans les Hautes-Pyrénées, une centaine d'établissements scolaires tenus par des congrégations religieuses. 90 % sont des écoles de filles et quinze d'entre elles sont des pensionnats.

L'enseignement secondaire congréganiste est délivré au petit séminaire de Saint-Pé, à l'institution Notre-Dame-de-Garaison et à l'institution Jeanne-d'Arc, de Bagnères, dont les nouveaux bâtiments sont bénis en 1911. Ces cours sont la fierté scolaire du diocèse, suivie de près par Mgr l'évêque qui s'y rend chaque année pour la distribution des prix (de même qu'il se déplace au lycée de Tarbes pour la confirmation). En 1906, il félicite chaleureusement Alfred Blanc, Jean-Marie Coumes, Victor Dossun, Pierre Douce, Vincent Douste, Césaire Esquerre, Alfred Haurine, Jean Loudet, Jules Maubé, Pierre Peyret, Jean-Marie Ribaut et Louis Verdier, définitivement reçus bacheliers.

En 1901, la loi Waldeck-Rousseau sur la création des associations oblige les congrégations à s'y soumettre. Certaines écoles religieuses font les démarches nécessaires, sans pour autant être assurées du résultat. Ainsi, les frères de Notre-Dame-de-Garaison se voient-ils refuser cette autorisation. Toutefois, un grand nombre d'écoles congréganistes se soumettent à la loi. Les religieux se sécularisent, prennent l'habit civil, y compris les sœurs s'occupant de l'institution des sourdes et muettes. Seules les sœurs travaillant à l'hôpital gardent l'habit. Personne ne blâme ce changement vestimentaire, au contraire : les congréganistes sont soutenus, voire aidés par les catholiques. L'année suivante, dix-sept écoles sont laïcisées dans le département, mais étant passées sous statut associatif, elles sont autorisées à ouvrir une école libre.

Quatre-vingt-seize écoles (quatre-vingt-huit de filles et huit de garçons) subsistent dans les Hautes-Pyrénées en 1903. Elles sont tenues par les frères des écoles chrétiennes, les frères de l'institution chrétienne et les frères marianistes, les sœurs de Saint-Vincent-de-Paul, les sœurs de Nevers, les sœurs du Saint-Nom-de-Jésus, les sœurs de l'Assomption et les filles de Marie Immaculée. En 1904, après application de la loi, il ne reste plus que vingt-huit écoles religieuses dans le département, chiffre qui tombe à vingt-cinq l'année suivante. Et jusqu'en 1913, ces écoles ferment pour rouvrir aussitôt, avec le même personnel laïcisé, chapeauté par une directrice républicaine.

C'est ainsi que l'école du Pradeau prend la place, en 1905, de l'école des sœurs de la Croix, et que l'institution Fénelon succède à celle des sœurs du Saint-Nom-de-Jésus. Cette pratique, consistant à ce qu'un groupe d'individus crée une association pour gérer une école privée, est encouragée par Mgr l'évêque qui demande aux parents de laisser leurs héritiers dans les écoles libres, afin de les instruire avec les bons livres. Et pour garder un œil plus vigilant sur l'instruction, Mgr Schœpfer nomme, en 1909, un directeur diocécien de l'enseignement libre, et approuve la création, en 1910, de l'Association pyrénéenne pour l'enseignement libre. Elle se réunira désormais chaque année pour faire le point et amener des corrections à l'enseignement privé.

Puis, en 1913, le Conseil général vote à l'unanimité la liberté de l'enseignement et, à la veille de la Grande Guerre, le département compte soixante écoles libres.

Chronique scolaire

M. Fourcade, maître d'école à Gerde en 1888, note l'animosité qui existe entre les habitants du bourg et ceux des coteaux, dont la vie, il faut le dire, est dure. «… Leur nourriture, écrit-il, est grossière et essentiellement frugale, leur travail est très pénible, mais ils sont robustes et bien constitués.»

Même à l'école, cet antagonisme sévit: «Durant les récréations, le maître ne devait pas perdre de vue les deux camps qui en venaient aux mains. Cependant, ces querelles semblent s'apaiser grâce aux progrès de l'instruction. »

Cette année-là, l'école de Gerde a soixante élèves. Deux sont reçus au brevet, deux à l'examen d'entrée à l'école normale et neuf au certificat d'études.

À Campan, Bernard Gaye-Toy lègue un immeuble à la commune pour y installer, selon son vœu, une école congréganiste. La municipalité accepte le legs, mais vend la maison sans s'occuper des dernières volontés du testataire.

À cette époque, l'instituteur, M. Porte, aménage une chute d'eau sur l'Adour et, grâce à une petite usine, fournit en électricité certains rues et maisons du bourg. Au 14 juillet 1903, il réussit de superbes illuminations saluées par la presse locale. Cependant, trois ans plus tard, les élèves et leurs parents assistent, en pleurs, au départ des sœurs de la Croix, enseignantes depuis 1860.

Mouvements d'instituteurs

Tous les ans, à la rentrée scolaire, l'inspecteur d'académie procède aux mutations de postes, remplaçant les maîtres partant à la retraite ou les malades, pourvoyant aux classes nouvelles et aux premiers postes. En 1909, M. Rumeau est nommé à Pinas, M. Miégeville à Loudenvielle, M. Pol à Galez, Duprat à Lagrange, Galau à Bonrepas, Lardit à Estampures, Garoby à Oursbelille, Labat à Lomme et Escarret à Vignac.

Plusieurs élèves-maîtres sont nommés pour la première fois, dont M. Bouzoumet à Ardengort et Abadie à Labassère, alors que M. Palustran devient instituteur adjoint à Lascazères.

Côté institutrices, Mme Boubée est nommée à Loudenvielle, Mme Rumeau suit son mari à Pinas et dirige l'école des filles en tant que maîtresse auxilliaire, Mlle Duco devient adjointe à Galez, Mlle Péré est nommée à Astugue, Mlle Marquefave à Ilham et Mlle Latour devient élève-maîtresse à l'école de Gerli, dans la commune de Nistos.

Le collège de jeunes filles de Bagnères a une bonne et sérieuse réputation. Dix-huit de ses élèves sont reçues aux examens en 1909 (coll. J. Sainz).

Résultats d'examens à Bagnères

Au collège de filles, dont les nouveaux aménagements offrent toutes les garanties d'hygiène moderne, l'année scolaire de 1909 a été d'excellente facture.

– Certificat d'études primaires, sont reçues : Marie Capgrand, Marguerite Baute, Dorothée Douat, Marcelle Luneteau, Juliette Dutilh et Marguerite Sabathié.

– Certificat d'études secondaires : Myriam Dupouy, Émilie Joachim-Supery, Berthe Cabarrou et Céline Cazaux.

– Brevet élémentaire : Myriam Dupouy, Clara Vignes et Jeanine Sens-Cezenau.

– Brevet supérieur : Marguerite Soyo et Marie-Louise Jouanolou.

– Diplôme de fin d'études secondaires : Louise Dubau, Adrienne Dulout et Marguerite Soyo.

À l'école Jules Ferry, chez les garçons, en 1911, ont été reçus au certificat d'études primaires : Édouard Brau, Irénée Clèdes, Ernest Doux, Georges Eyssalet, Georges Justeau, Jean-Marie Lacraberie, Joseph Lascrorz, André Lesgars, Georges Marcou, Bernard Mène, Jules Poey, Francis Pujo et Marcel Semmartin.

Formation professionnelle

Comme dans la plupart des villes importantes du département, des cours municipaux existent à Bagnères depuis le 28 novembre 1900. À l'initiative de la mairie, ils concernent les adultes ou les jeunes désirant se perfectionner dans une matière particulière, pour passer un examen et gravir des échelons dans leur profession. Les lundis et jeudis sont réservés au dessin, les mardis et vendredis au modelage et à la sculpture, les mercredis à l'arithmétique, les sciences et la géométrie, et les vendredis aux langues vivantes.

À Tarbes, des cours professionnels et ménagers voient le jour à partir de 1909, à l'initiative de jeunes ouvriers. Ces cours professionnels et cours pour adultes ont été fréquentés par trois mille trois cent soixante-six auditrices et mille cinq cent quatre auditeurs en 1910.

Enfin, l'enseignement agricole est l'affaire de l'école pratique d'agriculture de Villembits, créée en 1894, mais qui ferme ses portes en 1915. Pendant une vingtaine d'années, les élèves y ont appris à devenir des cultivateurs modernes, utilisant les engrais chimiques et les dernières machines issues du progrès technique.

Les affaires religieuses

M. Croharé, directeur de l'*Ère nouvelle*, adopte pour son journal une ligne éditoriale franchement anticléricale. Il n'y a que lors de la visite du président de la République Sadi-Carnot en 1891 qu'il use momentanément d'un ton plus calme.

À Tarbes et dans les Hautes-Pyrénées, la séparation de l'Église et de l'État laisse le peuple à peu près indifférent. Que le bâtiment de l'église appartienne au curé ou à la municipalité, du moment que la messe est dite et les sacrements distribués, le reste importe peu.

En revanche, la séparation, dans le contexte des grandes affaires de la fin du XIXe siècle (général Boulanger en 1887 et colonel Dreyfus en 1895), passionne les hommes politiques et les journalistes qui n'hésitent pas en général à croquer allégrement du curé, comme le journal La Lanterne qui écrit en 1903 : « Qu'on nous débarrasse de la sacrée boutique de la grotte à miracles et de la piscine d'eau sale… » Le ton est donné. De leur côté, les catholiques n'emploient pas des mots moins durs.

Mais avant d'arriver à ces débordements de langage et à la loi proprement dite, approuvée en août 1905 par le Sénat et le 12 décembre de la même année par les députés, diverses étapes préparent l'irréparable :

– 1880 : décret interdisant les congrégations non autorisées.

– 1881 : laïcisation des hôpitaux, cimetières, pompes funèbres et retrait des crucifix des salles des tribunaux.

– 1884 : la loi Naquet rétablit le divorce.

– 1901 : loi créant les associations. Les congrégations doivent s'y soumettre.

– 1904 : interdiction totale de l'enseignement religieux et des congrégations, mêmes autorisées.

– 1905 : loi de séparation de l'Église et de l'État, par laquelle les biens de la première passent dans le domaine du second. Les évêchés, les grands et petits séminaires reviennent aux départements, les bâtiments d'églises, les presbytères et les biens des fabriques aux communes.

La séparation

Tous les députés des Hautes-Pyrénées, MM. Dasque, Fitte, Achille Fould et Ozun, ainsi que les sénateurs J. Dupuy, ancien ministre de l'Union républicaine, et Pédebidou, de la gauche démocratique, approuvent cette loi qui ne se contente pas de s'approprier les biens de l'Église, mais supprime en même temps tous les avantages dont bénéficie le clergé. Dorénavant, les abbés doivent payer le loyer de leur presbytère. Ils ne sont plus exemptés du service militaire ni de payer les timbres de leur courrier. Enfin, n'étant plus rémunérés par l'État (lequel, par cette loi, économise plus de quarante millions de l'époque), ils doivent trouver d'autres revenus.

Le pape Pie X, en 1907, viendra en aide au clergé de la fille aînée de l'Église, en obligeant les catholiques de France à verser le denier du culte, sous peine de péché.

Bien sûr, pour les ecclésiastiques, le coup est rude, même s'il est annoncé depuis plusieurs années – depuis que les gouvernements rognent régulièrement sur leurs prérogatives. C'est en fait une sorte de révolution. Depuis Clovis, ils dirigeaient le pays aux côtés des rois, donnant de grands Premiers ministres tels que Richelieu, Mazarin et d'autres. Saint Vincent de Paul côtoyait les puissants pour mieux servir les pauvres et ses sœurs se dévouaient dans les hôpitaux. Les curés de campagne avaient tenu les premiers registres d'état civil, par lesquels les biens sont restés dans la nation ; mais surtout, le clergé avait une longue expérience dans le domaine de l'instruction, sur laquelle il eut longtemps la mainmise. Perdre ses écoles lui fut particulièrement cruel. C'était accepter de perdre la base même de ses fidèles.

À l'époque de la séparation, le diocèse de Tarbes connaît deux évêques. Mgr Billères, à la fin du XIXe siècle, que l'histoire décrit comme un homme

L'église des Templiers de Luz-Saint-Sauveur est une construction typique des Hautes-Pyrénées, avec son fronton à mur en redans (coll. J. Sainz).

Les inventaires, dans les Hautes-Pyrénées, ne suscitent pas de mouvements de foules, comme c'est le cas dans d'autres départements. Les biens de l'Église deviennent biens civils et la messe continue à être dite (coll. J. Sainz).

Eglise St. Vincent
Bagnères-de-Bigorre
Souvenir persistant.
André.

hésitant, pousse ses paroissiens à voter pour les bons députés, c'est-à-dire ceux qui parlent de liberté. Il est cependant un bon administrateur, agit beaucoup pour le développement de Lourdes et dénonce la séparation. D'ailleurs, certains curés du diocèse, au cours de leurs sermons, n'hésitent pas à dire aux fidèles pour qui voter, critiquant ouvertement les candidats républicains. Il y en a qui, pour avoir été trop zélés, perdent jusqu'à leur salaire. Malgré cette punition infligée par le préfet, Mgr Billère a toutes les peines du monde à les calmer, d'autant que les catholiques lancent des souscriptions pour leur venir en aide.

Son successeur, Mgr François-Xavier Schoepfer, Alsacien en poste en 1900, n'a jamais été complètement adopté. Il n'a guère de contact ni avec ses prêtres, ni avec ses diocésiens, préférant diriger par l'intermédiaire de ses vicaires généraux. L'homme est énigmatique. Si on salut l'Alsacien pour des raisons toutes politiques, on se pose des questions sur l'individu et certains se demandent « s'il est particulièrement désigné pour l'épiscopat ».

Quant à ses paroissiens, ils l'accusent d'être lié avec les francs-maçons parce qu'il fait sonner les cloches pour la fête nationale le 14 juillet 1903, soutenant qu'on peut être bon catholique et républicain.

Les congrégations sont bien sûr en première ligne. Les ordres contemplatifs sont peu touchés par la loi, car peu nombreux. Il y a les carmélites, à Bagnère-de-Bigorre, Tarbes et Lourdes, et les bénédictins du Temple. La loi en 1880 ferme deux couvents de carmélites, les autres ordres attendront vingt ans avant que la loi ne s'occupe d'eux. Les carmélites de Bagnères émigrent alors à Séville en 1901, année de la dissolution de la congrégation des frères de Notre-Dame-de-Garaison.

La loi spoliatrice, comme la nomme Mgr Schoepfer, fait son œuvre dans le département, comme partout ailleurs en France, sauf à Lourdes, monument intouchable de par l'importance de ses pèlerinages et de l'argent qu'ils rapportent à la ville et au département.

Ci-contre : pendant la saison, les fidèles ont tout loisir de suivre les offices à Bagnères, la station accueillant en cure de nombreux prêtres qui doivent dire leur messe tous les jours (coll. J. Sainz).

Grâce à eux, le chemin de fer et les routes ont été largement améliorés, les hôtels se sont construits, les commerces se sont épanouis. C'est l'économie d'une contrée entière qui serait mise en péril par l'application à la lettre de la loi. D'ailleurs, le peuple haut-pyrénéen, en général, ne suit pas le préfet Bouffard dans le zèle qu'il met à servir l'État en cette circonstance, et ne se cache pas pour apporter son concours à la survie des congrégations qu'il juge nécessaires, en créant des sociétés de secours pour aider les communautés dissoutes. Si les catholiques soutiennent leur évêque et les religieux dans ces moments délicats, c'est plus par esprit humanitaire que par goût de la lutte.

Cependant, l'Église reste active. Des prédicateurs prêchent le carême et la tradition des processions est pieusement respectée. La Fête-Dieu traverse chaque année les rues de Tarbes, la Vierge est célébrée à Garaison, à Nouilhan, à Pictat, à Héas et à Lourdes bien sûr, où chaque paroisse se rend en délégation.

Dans la vingtaine d'années précédant la loi de la séparation, le clergé procède à la restauration de plusieurs églises, dont celles de Rabastens-en-Bigorre et de Horgues, ainsi qu'aux bénédictions de la chapelle du Carmel, de Sainte-Anne, Saint-Joseph, Saint-Jean et Saint-Antoine à Tarbes, et des églises de Rejaumont, d'Adé, de Gembrie, d'une statue de la Vierge à Héas, sans oublier l'église du Rosaire de Lourdes. Dans la même période, en 1897, des travaux dans la cathédrale de Tarbes mettent au jour d'anciens sarcophages.

À ce zèle de construction s'ajoute une multitude d'actions sociales. Le bureau diocésien patronne la Propagation de la foi, la Sainte-Enfance, le denier de Saint-Pierre, l'œuvre de Saint-François-de-Sales, l'université catholique de Toulouse et l'œuvre des Tabernacles, qui aide les prêtres en leur fournissant des ornements liturgiques. Mais si la conférence de Saint-Vincent-de-Paul et tous ces comités catholiques ayant des points de chute à Tarbes, à Bagnères et dans la vallée d'Aure, ont une grande portée sociale, ils ne donnent que bien peu de résultats.

Ci-contre : à la séparation, les biens de la grotte sont attribués au bureau de bienfaisance de Lourdes. Mais la municipalité la laisse à la disposition du clergé, moyennant un contrat de bail (coll. J. Sainz).

Si la séparation interdit aux congrégations d'avoir pignon sur rue, la loi n'est pas exécutée partout avec la même rigueur. À Lourdes, on ne fait guère de difficultés aux pères qui, par les pèlerinages, font vivre les commerces de la ville (coll. J. Sainz).

Les inventaires

Malgré la loi, il n'est pas question, pour bon nombres de communes, de se séparer de leurs desservants. Tarbes aide même financièrement trois paroisses et, en cela, concilie les oppositions. Dans cet état d'esprit, les inventaires se déroulent sans heurts notoires, aussi bien dans les villes que dans les campagnes. Il n'y a qu'à Saint-Pé où les opérations concernant le petit séminaire se sont déroulées sous les huées de la foule. Cela n'empêche pas les huissiers et les commissaires de procéder minutieusement au transfert des biens de l'Église.

Selon la loi, le petit séminaire doit revenir au département. Mais grâce à l'insistance du père supérieur, l'abbé Lassus, il reste à la commune qui laisse s'y poursuivre l'enseignement secondaire dont elle a besoin. Il y a alors cent quatre-vingt-douze élèves. Ils seront deux cent soixant et onze en 1912.

De leur côté, les frères des écoles chrétiennes quittent Tarbes, et le grand séminaire de la rue de la Moisson abandonne les lieux pour occuper, un peu plus loin, l'ancien couvent des sœurs de Saint-Joseph. Son directeur, le père Jouanolou, crée en 1906 l'Union fraternelle des prêtres du diocèse, dont la fonction est de récolter de l'argent pour subvenir aux besoin des curés âgés ou malades.

L'évêché est attribué, en 1908, aux Ponts et Chaussées, année où la chapelle de Garison, achetée par la ville de Tarbes en 1906, est rendue au culte.

Enfin, si les sœurs de l'hospice de Bagnères avaient été laïcisées dès 1905, les sœurs de Saint-Joseph-de-Cantaous, reconnues hospitalières, gardent leur immeuble. En fait, les congrégations féminines, qui attirent toujours les nonnes, restent pour la plupart en activité.

À Lourdes, les frémissements de la séparation se font sentir dès 1903, lorsque les pères de l'Immaculée Conception doivent quitter la ville. Ce n'est qu'en 1910 que la destination des biens de l'Église est connue. Ceux de la grotte reviennent au bureau de bienfaisance de la ville, mais la municipalité précise « (qu') elle continuera à les laisser à la disposition du diocèse pour y exercer librement le culte catholique et organiser les manifestations religieuses des divers pèlerinages ».

Mgr Schoepfer crie à la spoliation et le maire, M. Lacaze, lui loue pour dix-huit ans les bâtiments de Massabielle, de la basilique et des piscines.

Tous ces événements rassemblent les Bigorrais qui, oubliant momentanément leurs griefs, font bloc derrière l'évêque. L'Action catholique de la jeunesse française tient un premier congrès en 1906 et organise de grands rassemblements à partir de 1911. La presse catholique elle-même tente de pénétrer les foyers pour contrer *La Dépêche*, grand quotidien qui n'est guère favorable au clergé. Les évêques du Sud-Ouest vont même, en 1907, jusqu'à interdire à leurs ouailles d'acheter ce journal, sous peine de péché. Mais *La Croix des Hautes-Pyrénées*, *L'Indépendant* ou *Le Semeur*, créé en 1907, ne réussissent pas, à eux trois, à vendre plus mille deux cent exemplaires par jour, contre quatre mille sept cents aux autres quotidiens du département.

Pendant ce temps, Mgr Schoepfer réorganise son diocèse qui, par décision du pape, prend en 1912 le nom de Tarbes-Lourdes. Il crée en 1907 les conseils paroissiaux, installe le denier du culte et critique fortement toute action visant à placer le clergé sous la dépendance des communes. On le voit alors partout, aux congrès laïcs aussi bien que religieux. En mai 1908, il reçoit le président de la République, Armand Fallière, venu en voyage à Lourdes, qui profite de l'occasion pour remettre une médaille à sœur Céline, religieuse du Sacré-Cœur qui, depuis trente ans, se dévoue auprès des malades.

Cependant, la séparation a laissé des traces, et les desservants constatent avec tristesse la diminution de la pratique religieuse, surtout chez les hommes « qui semblent récalcitrants aux sacrements ».

Les baptêmes sont en baisse – cent cinquante neuf à la cathédrale de Tarbes en 1910 contre deux cent quatre-vingt en 1880 –, tandis que les mariages et les enterrements civils augmentent, et que le rendement du denier du culte n'est plus ce qu'il était. Mais surtout, les vocations se font plus rares.

Les soucis du diocèse sont estomptés par l'activité de Lourdes, et le faste que provoquent certaines manifestations, comme la bénédiction, les 6, 7 et 8 août 1889, de l'église du Rosaire, dont le chantier avait débuté en 1883. C'est Mgr Langenieux, archevêque de Reims et représentant du pape, qui procède à cette cérémonie, entouré de vingt-deux évêques et du cardinal Goossens, primat de Belgique. Depuis ce jour, la confrérie du Rosaire Vivant, composée de femmes, y récite un rosaire chaque quinzaine.

Lourdes et ses mystères

En 1858, à la grotte de Massabielle, une petite fille du nom de Bernadette Soubirou rencontre pour la première fois la *«henna blanca»*, la dame blanche, comme elle la nomme au début, qui lui demande de revenir prier. Les petites amies qui accompagnent Bernadette, mais qui n'ont pas vu la dame blanche malgré leurs efforts, ébruitent l'affaire et bientôt, le gros village qu'est Lourdes se précipite à la grotte derrière la petite fille, en criant au miracle.

L'abbé Peyremale, le curé de la paroisse, ne croit pas aux divagations de la gamine et n'hésite pas à la menacer de péché. Entêtée, elle n'en démord pas. Jusqu'au jour où elle lui dit que la dame blanche lui a révélé être l'Immaculée Conception… *«que soy éra Imaculado Counception»*.

Cette révélation ébranle le village et le M. le curé, parce que la petite ne connaît pas les mots *«immaculée conception»*, qu'elle n'a pu inventer.

Un jour, accompagnée par une assistance de plus en plus nombreuse, elle est en prière dans la grotte ; on la voit se lever, faire quelques pas vers la gauche, s'agenouiller, gratter la terre de ses mains et faire jaillir une source limpide. C'est le premier miracle.

Le second a lieu un peu plus tard quand Bernadette, en prière, fixe le rocher des yeux en tenant un cierge à la main, dont la cire fondant lui coule sur les doigts. Elle ne sent rien et ne garde aucune trace de brûlures.

L'histoire vient aux oreilles de l'impératrice Eugénie qui prend les eaux à Luz-Saint-Sauveur. Et l'on voit bientôt les dames de sa suite arrivant en calèches pour voir la grotte, et payer un louis les enfants pour qu'ils leur apportent une bouteille remplie d'eau de la source. Les autorités religieuses finissent par reconnaître le côté surnaturelle de l'affaire, et Lourdes, petit à petit, devient ce qu'elle est aujourd'hui. On édifie la basilique comme le voulait la Vierge, puis l'église du Rosaire, on y vient en pèlerinage et les miracles s'y produisent.

En 1895, on compte cent cinquante-quatre trains amenant les malades à Lourdes. Ils sont quatre cents en 1908, année où la Vierge de la grotte est priée par un million cent mille pèlerins (coll. J. Sainz).

Parmi les premières miraculées attestées, Élise Seisson, âgée de vingt-sept ans, guérie le 27 août 1882 d'une hypertrophie du cœur et d'œdèmes aux jambes, après avoir été baignée dans la piscine (coll. J. Sainz).

Les sœurs et les dames de Notre-Dame-du-Salut s'occupent des malades pendant toute la durée de leur séjour. Elles les accompagnent de l'hôpital à la grotte et de la grotte aux piscines (coll. J. Sainz).

Les pèlerinages

Avec Lourdes débute l'ère des grands pèlerinages, dont le premier est organisé le 21 juillet 1873. Peu après cette époque, on peut lire dans la grande encyclopédie Larousse : « Les années 1872 et 1873 ont vu renaître sur une grande échelle les pèlerinages en France. (…) Quelques esprits timides s'effrayèrent de ces manifestations si bizarre à notre époque. (…) En 1874, on ne parle presque plus de ces manifestations malgré les efforts combinés du Comité général, autorisé par le Pape, et d'un organe spécial, *Le Pèlerin*, pour réchauffer le zèle des fidèles. (…) On s'est décidé, avec raison, à abandonner les grottes plus ou moins miraculeuses, et à ne plus réveiller les échos par des cris séditieux. »

L'*Encyclopédie Larousse* a méjugé la combativité des catholiques. Les pèlerinages du Comité général, aidé par le journal *Le Pèlerin*, démarrent peut-être lentement, mais une fois sur les rails, ils atteignent une ampleur insoupçonnable.

Le Pèlerin se charge d'encourager ses lecteurs à envoyer des dons au Comité, pour payer le voyage en train des malades et des infirmes les plus pauvres et pratiquement incurables. En 1873, il ne recueille que 320 francs, mais 10 000 francs en 1877, puis 95 000 en 1893 et 59 160 en 1906. Cette année-là, alors que le pèlerinage a, depuis plusieurs année déjà, pris le nom de Train des Malades de Notre-Dame-du-Salut à Lourdes, plus de mille malades pauvres et incapables de se transporter seuls arrivent le 17 août par vingt-cinq trains mis à leur disposition.

Au début, les jeunes filles des Enfants de Salut suffisent à secourir les malades dans les trains pendant le trajet. Mais bien vite, il faut des bras supplémentaires. C'est aux petites sœurs de l'Assomption, gardes-malades des pauvres, qu'échoit ce secours.

Les dames de l'association du Salut, qui sélectionnent les malades en les visitant chez eux, les accompagnent durant le voyage et leur séjour, les soignent dans les hôpitaux de Lourdes et les mènent aux piscines. Cependant, véhiculer sur des brancards un millier de malades et d'infirmes de la gare aux hôpitaux, aux offices, à la grotte, aux piscines, aux processions, les ramener pour les repas et pour les soins constitue une lourde tâche. Elles sont rapidement aidées par des bénévoles qui, en signe distinctif, portent sur leur vêtement une croix rouge en laine avec un liseré blanc, ainsi que le leur a suggéré le pape Pie IX lorsqu'il accueille favorablement l'idée du grand pèlerinage.

Ces bénévoles, les brancardiers de Notre-Dame-du-Salut, sont regroupés en comité réglementé dès 1880 par le père Picard, fondateur des pèlerinages, et par le comte de Combettes de Luc. Cinq ans plus tard, les hospitaliers de Notre-Dame-de-Lourdes prennent le relais et deviennent une confrérie reconnue officiellement par Mgr Billère. Elle reçoit la médaille de l'hospitalité à l'image de la Vierge, à laquelle est ajoutée la croix de Saint-Pierre. M. Combettes de Luc en est le premier président. Après sa mort, survenue en 1886, le vicomte de Pouy lui succède.

Les dames de l'association du Salut deviennent naturellement les hospitalières, placées sous la tutelle de la confrérie masculine, bien que pratiquement indépendantes. Si elles font preuve d'une grande efficacité et d'une grande piété dans leur service, elles œuvrent plus en retrait. Leurs présidentes successives sont la vicomtesse de Pouy, de 1886 à 1893, Mlle Taffin jusqu'en 1903 et Mme de Werbier, à partir de cette date.

Pendant les offices, les brancardiers, tous membres des hospitaliers de Notre-Dame, attendent les malades. Parmi eux se trouvent d'anciens miraculés et de jeunes étudiants chrétiens (coll. J. Sainz).

La grotte miraculeuse est l'objet d'une intense vénération. Des centaines de béquilles accrochées aux parois témoignent d'autant de guérisons (coll. J. Sainz).

Trente miracles sont officiellement reconnus de 1882 à 1911. Mais tous les malades guéris ne reviennent pas pour passer devant la commission adéquate, seule habilitée à conclure à la guérison surnaturelle (coll. J. Sainz).

Les dons de la Vierge

1908 fête le cinquantenaire des apparitions de la « dame blanche ». Le pèlerinage national et ses mille malades sont conduits, cette année-là, par troix cent soixante cinq anciens miraculés portant chacun une bannière. À côté d'eux, une légion d'enfants venus de toute la France, portant aussi des bannières, accompagne à ses frais cent enfants malades et indigents, espérant un bien-être miraculeux.

Car des miracles, il y en a aussitôt que les foules se rendent à la grotte de Massabielle. À l'origine, l'évêque de Tarbes, Mgr Laurence, se trouvant confronté à ce mystère, crée une commission chargée d'examiner les différents cas de guérisons spontanées ou inexplicables scientifiquement, commission composée d'ecclésiastiques et d'experts, dont des médecins de la faculté de Montpellier.

Le docteur Boissarie en sera le président de 1892 à 1917. C'est lui qui se prononce en dernier lieu sur les guérisons miraculeuses. De 1907 à 1913,

Raymond Cahuzac,
président de l'Hospitalité de Notre-Dame-du-Salut,
décédé en 1907. À 8 ans, il avait été guéri d'une paralysie
des jambes par sainte Germaine de Pibrac.
Il abandonne la préfectorale au moment
où la République se fait de plus en plus anticléricale,
pour se consacrer entièrement aux malades de Lourdes.

trente-trois cas sont reconnus tels. Il y en a d'autres, mais tous les miraculés, bien que reconnus scientifiquement guéris de manière inexplicable, ne reviennent pas devant ce comité, seul habilité par l'Église à comptabiliser les miracles, après un certain délai suivant la guérison.

Il semble que Lourdes soit un puits où il n'y a qu'à pêcher les guérisons. On en constate non seulement aux piscines, mais aussi au passage du saint sacrement, dont la première manifestation touche, en 1888, une jeune fille d'origine juive qui devient nonne.

Chaque année, le journal *Le Pèlerin* dresse la liste des miraculés à l'issue du pèlerinage national. En 1906, ils sont seize, tous des cas désespérés –tuberculose des os, poumons caverneux, paralysies incurables – et qui, comme cette Parisienne de vingt ans du nom de Rachel Lagny, sort toute seule de la piscine, ou Fanny Combe, une Ardéchoise de dix-huit ans, à qui un abbé avait donné l'extrême-onction la nuit précédente, sur ordre des médecins de l'hôpital de Notre-Dame-des-Sept-Douleurs, impuissants à soulager ses souffrances : au passage du saint sacrement, la jeune Fanny se réveille, se lève et va embrasser l'encensoir. Devant ce prodige, la foule entonne le Magnificat, alors que la petite voisine de la guérie pleure de joie et qu'un jeune homme, qui n'est plus qu'un tronc, s'écrit : « Je crois toujours en vous, Ô mon Dieu, je vous aime quand même,Vierge Marie. »

Adrienne Hamel, trente et un ans, de Caen, ne marche plus et souffre des yeux. Depuis deux jours, elle n'a pris qu'une cuiller d'eau pour tout repas.

Les fidèles fervents font le chemin de Croix à genoux pour mieux communier avec leur Sauveur (coll. J. Sainz).

Quatre docteurs déplorent que leur traitement reste impuissant à la guérir. Plongée dans la piscine au moment du passage du saint sacrement, elle se sent guérie. Le lendemain, elle s'excuse de ne pas avoir communié… « J'avais une telle faim qu'à trois heures du matin, j'ai été obligée de manger », dit-elle aux médecins constatant son nouvel état.

Joseph Lagarde, trente-six ans, habitant Toulouse, est complètement guéri d'une catarrhe-bronchite chronique avec emphysème. Le jeune Robert Hébert, un enfant de Lisieux âgé de quatorze ans, est soulagé d'une péritonite tuberculeuse. Son cas est émouvant. Sa mère avait été guérie l'année précédente en sortant de la piscine, d'une tuberculose des deux poumons avec cavernes du côté droit, ramollissement du côté gauche et expectoration purulente très abondante. C'est elle qui avait convaincu son fils de faire le voyage.

Claire Moutet, Parisienne de cinquante-deux ans, souffre d'une pleurésie grave l'obligeant à aller d'hôpital en hôpital. Son médecin traitant lui suggère l'opération, d'autant qu'elle vient de se faire renverser par un cycliste, accident qui lui cause un traumatisme au thorax. Elle refuse l'opération ; son médecin,

Un groupe de pèlerins se fait photographier sur l'esplanade des retraites aux flambeaux (coll. J. Sainz).

ne voyant plus d'issue, lui conseille d'aller à Lourdes. Bien lui en prend : la demoiselle est guérie au passage du saint sacrement.

Blanche Evrard est, elle aussi, soulagée par le saint sacrement. Habitant Paris, elle est arrivée à Lourdes allongée, car son état désespéré ne lui laisse que peu de force. Elle endure une entérocolite avec appendicite chronique à poussées aiguës récidivantes, pour laquelle elle est suivie sans aucun résultat. De plus, une maladie de poitrine lui déclenche des toux horribles et des vomissements fréquents, et ses jambes enflées l'empêchent de se mouvoir. Portée à la piscine, elle suffoque dans le bain, mais en ressortant, elle ne sent plus ses douleurs. Cependant, quelque temps après, la souffrance, encore plus violente, l'assaille. Pendant la bénédiction du saint sacrement, elle se lève et se rend elle-même et sans secours au bureau des constatations.

Il y a encore cette année-là Philomène Courant, du Maine-et-Loire, qui, paralysée des jambes depuis vingt-deux ans, est guérie par le saint sacrement.

Marie Quincarlet, une petite Parisienne de seize ans, ne peut plus se servir

Lourdes compte de nombreux et confortables hôtels comme celui-ci, pour recevoir les milliers de pèlerins affluant toute l'année (coll. J. Sainz).

de son bras gauche et ses oreilles coulent, lui occasionnant une quasi-surdité depuis qu'elle est tombée dans un escalier. À la grotte, elle se lave les oreilles et, depuis, elle entend et son conduit auditif présente un aspect parfaitement sain.

Marie Aillet n'est pas guérie à Lourdes, mais sur le chemin du retour. Elle a subi quatre opérations depuis 1895, qui lui ont laissé une déchirure interne avec déplacement d'un rein. Elle souffre encore d'un diabète et d'un dépôt acide dans le tube digestif. À Lourdes, elle éprouve des douleurs atroces pendant la durée du pèlerinage, et au retour son état est bien préoccupant. Or, pendant la récitation du chapelet, dans le train, elle a subitement envie de faire quelques pas. On la descend à Ygos (Landes) où elle marche seule. Toutes ses souffrances disparaissent et elle mange sans malaise.

Marie Lebranchu,
miraculée en 1892,
que Zola appelle « la Grivotte »
dans l'un de ses romans.

Marie Lebranchu

L'une des plus célèbres miraculées de Lourdes est Marie Lebranchu, qu'Émile Zola appelle «la Grivotte» dans un de ses romans. Cette femme tuberculeuse crache le sang depuis dix-huit mois, lorsque'elle participe au pèlerinage national de 1892, où l'écrivain s'est rendu pour étudier sur place la ferveur mystique des pèlerins. Zola, qui la suit pendant son séjour, constate avec les médecins la guérison totale de Marie Lebranchu.

Mais dans le roman, la Grivotte rechute et s'en va mourir à l'hôpital, ce que les journalistes du *Pèlerin* ne pardonnent pas à Zola. Dans leur almanach de 1909, ils éreintent violemment l'auteur de *J'accuse*, d'autant que le héros de l'histoire, l'abbé Froment, se pose des questions sur sa foi.

Zola revoit Marie Lebranchu à Paris où, mariée, elle vit chichement. Il souhaite l'aider financièrement, mais son mari, suivant les directives de l'abbé Bertrin, professeur à l'Institut catholique de Paris, auteur d'une histoire critique de Lourdes, met l'écrivain à la porte, si bien que le couple vécut pauvrement jusqu'à la fin de ses jours.

Autant Zola est détesté des catholiques, autant Huysmans en est aimé. L'écrivain, converti à leur foi, obtient auprès d'eux un énorme succès avec son livre *Les Foules de Lourdes*.

Le commerce de la glace est une activité d'été. Les ouvriers creusent des trous dans le sol et y entreposent la neige qui se fige en glace et reste dans cet état assez longtemps. La nuit, ils partent chercher leur provision pour la descendre au matin dans les auberges et les hôtels qui leur en ont passé commande (coll. J. Sainz).

La vie active

À LA SUITE DES ÉVÉNEMENTS DE 1870, le transfert de l'arsenal militaire de Mulhouse à Tarbes donne un certain élan industriel à la ville, en même temps qu'il contribue un peu plus à la dépopulation des montagnes. Car, bien que la majorité de ses ouvriers se recrute sur place, les ruraux délaissent la ferme familiale pour y travailler, attirés par un salaire régulier qui, si mince soit-il, les rend de toute manière plus riches qu'ils ne l'étaient.

Pendant longtemps, de 1872 à 1904, leur rémunération n'évolue pas ou peu, un ouvrier touchant de 35 à 50 centimes de l'heure selon sa qualification. À partir de 1904, les manœuvres sont payés à la tâche, soit 2,50 à 3 francs la journée travaillée. En 1910, les salaires de l'arsenal sont en très légère augmentation, puisque à cette date un ouvrier perçoit 6,50 francs pour douze heures de travail par jour. Une ouvrière n'a droit qu'à 3 francs pour la même durée.

Les syndicats

Le syndicalisme, à Tarbes, prend naissance à l'arsenal, quand les ouvriers s'unissent pour s'opposer aux licenciements prévus en 1883 et 1893, alors que l'usine est gravement menacée par la trop forte concurrence des ateliers de Bourges. Cela n'empêche pas trois cent cinquante personnes, en 1883, d'être mises à la porte, mais le mouvement est lancé. Et en 1905, la quasi-totalité des mille trois cent quatorze employés de l'arsenal, soit mille deux cent cinquante cinq, sont syndiqués. Dans le détail, le syndicat des emplois civils groupe quarante-deux membres, le syndicat des comptables quarante-six, celui du personnel civil des ouvriers de guerre huit cent soixante-quinze, et le syndicat des professionnels deux cent quatre-vingt-douze.

C'est à cette époque, dans la dernière décennie du XIXe et le début du XXe siècle, que le syndicalisme se structure. Mais c'est aussi l'époque où plusieurs mouvements agitent le monde ouvriers, n'épargnant aucun corps de métiers.

Les tailleurs de pierre travaillant à la statue Duvigneau se mettent en grève en 1892. Deux ans plus tard, quatre-vingts serruriers, cinquante-cinq boulangers, soixante-treize maçons, trente-deux chaisiers et soixante-dix pailleuses de chaises cessent le travail. La grève de ces dernières est une des rares de l'histoire sociale de Tarbes où l'on relève des incidents, puisque treize d'entre elles passent en correctionnelle et neuf sont condamnées.

De leur côté, la moitié des ouvriers des chemins de fer syndiqués font bloc derrière leurs chefs, l'aiguilleur Guinchamp et le chaudronnier Bertrand. Il faut dire que la condition ouvrière est pénible. Les maréchaux-ferrants, en grève en 1911, travaillent treize heures par jour pour un salaire de 1,75 à 2,50 francs de l'heure.

Tous ces mouvements répétés font dire au préfet, en mai 1912, deux ans jour pour jour après la création du conseil des prud'hommes à Tarbes, que le syndicalisme prend de la cohésion.

S'il prend de la cohésion, il croît aussi en nombre, car au début du XXe siècle, on compte au bas mot à Tarbes et dans le département une bonne centaine de syndicats, soit un ou plusieurs par corps de métier et par ville importante. Parmi eux, la chambre syndicale des maîtres coiffeurs de Bagnères, qui voit le jour en 1903, le syndicat des limonadiers, débitants et commerçants similaires de Bagnères (1901), la chambre syndicale des ouvriers maçons de la ville de Tarbes et banlieue (1892-1902), le syndicat des ouvriers plâtriers de la ville de Tarbes (1892-1912), le syndicat des ouvriers ébénistes de Tarbes (1883-1923), le syndicat des pharmaciens des Hautes-Pyrénées, fondé le 15 février 1914 avec à sa tête M. Ydrac, pharmacien à Bagnères, ou encore la chambre syndicale des ouvriers manœuvres et terrassiers de Tarbes et banlieue, créée en 1884. Ces syndicats, qui défendent âprement la cause de leurs adhérents, sont indépendants les uns des autres, chacun luttant pour sa profession et uniquement pour elle.

Les municipalités, de leur côté, font leur possible pour trouver du travail à leurs administrés. Au début du XXe siècle, la plupart d'entre elles ouvrent un bureau de placement; c'est le cas à Bagnères-de-Bigorre le 24 avril 1904. Dans cet office, dépendant du bureau d'hygiène, les employés des deux sexes peuvent lire la liste des places disponibles qu'offrent les commerçants et les industriels. Ils peuvent gratuitement s'inscrire pour trouver un travail. Efficace, ce bureau place un grand nombre de personnes.

La police municipale

Le travail n'attire pas sur Tarbes que des ouvriers, mais aussi « une avalanche de mendiants, la plupart estropiés ou idiots, d'origine espagnole », comme on peut le lire dans la presse de l'époque, à tel point que le maire, le 8 décembre 1885, prend un arrêté contre « cette nuée de mendiants envahissant la ville à la belle saison ».

Pour s'occuper d'eux et des remous ouvriers, la police municipale de Tarbes reste faible. Elle a peu d'effectifs, si ce n'est un commissaire ayant sous ses ordres un inspecteur, un brigadier, un sous-brigadier, trois agents de sûreté et seize gardes municipaux souvent placés là en remerciement de services rendus. Le préfet, déplorant en 1894 qu'il ne faut pas compter sur son efficacité, constate avec amertume que le commissaire, sur ordre du maire, a fait sauter plus de cinq cents procès-verbaux au cours des deux années précédentes. Ajoutez à cela la surveillance des sept maisons de tolérance officiellement recensées sur Tarbes en 1906, plus quelques cabarets borgnes où zone une clientèle interlope, et l'on comprend mieux le dépit du préfet.

Les hommes politiques locaux

Si les ouvriers de l'arsenal ont lancé les premiers syndicats, ils sont aussi à l'origine du premier noyau socialiste de Tarbes. Certes, les débuts sont modestes, mais l'idée fait son chemin. En 1893, Romain Besques, un des chefs du parti, ne réunit guère plus de quatre cents personnes lors de ses meetings. Ce maigre auditoire le dessert, évidemment. La presse le traite de « socialiste exalté », voire d'« alcoolique brutal », ce qui ne le gêne pas pour poursuivre sa route et se présenter, sans succès il est vrai, aux législatives de 1893, de 1902 et de 1910.

Le 27 août 1905, la supérieure de l'hospice de Bagnères est décorée par M. Dujardin-Baumetz, sous-secrétaire d'État aux Beaux-Arts. À la cérémonie sont présents, de gauche à droite : le préfet, le maire de Bagnères, M. Dujardin-Baumetz, Jean Dupuy et le sénateur Pédebidou (coll. J.-F. R.).

D'autres suivront : Montiès en 1906 et Pichon en 1914. Mais il faut bien dire que le mouvement socialiste n'emporte qu'une faible adhésion, l'action militante n'étant pas le fort des Tarbais dont beaucoup sont d'origine rurale et gardent le respect du maître ou du patron.

Cazeaux est né en 1835 à Bénac, dont il sera le maire et décédé en 1909. C'est un bonapartiste convaincu. Conseiller général du canton d'Ossun, président du Conseil général jusqu'en 1881, il est un député inamovible de 1875 à 1889, année où il est battu par Baile, ancien préfet, qui doit lui-même s'incliner en 1893 face au médecin Adolphe Pédebidou, personnage marquant de la politique tarbaise du début du XXe siècle.

Fils d'un ancien conseiller général ami de Cazeaux, il est déjà maire et conseiller général de Tournay quand il devient député radical. En 1900, il est le premier sénateur radical du département, avant d'être élu président du Conseil général. Sa place à la chambre des députés est prise par le maire de Tarbes, Léopold Dasque, directeur d'un journal d'avant-garde, lui aussi radical. Son successeur en 1906 est Gaston Dreyt, de la même famille politique, réélu jusqu'en 1914 (le parti radical, organisé localement depuis 1891, entre dans la fédération réunissant les groupes radical, radical-socialiste et socialiste des Hautes-Pyrénées, fondée le 4 juin 1905).

Jean Dupuy

Un homme se détache à cette époque par sa carrière politique nationale. Jean Dupuy, directeur du journal *Le Petit Parisien*, est sénateur des Hautes-Pyrénées de 1891 à 1919, date de sa mort.

Vice-président du Sénat en 1911, il se situe dans la gauche républicaine. Plusieurs fois ministre de 1899 à 1917, il a été sollicité en 1913, puis 1914 pour former le cabinet du Conseil. Mais il ne peut aboutir dans ses négociations. Durant toute sa carrière politique dans la capitale, il n'a de cesse de travailler utilement pour les Hautes-Pyrénées.

La municipalité de Tarbes

Les diverses municipalités de Tarbes se sont toutes montrées assez efficaces en ce qui concerne les travaux améliorant l'aspect de la ville et la vie des habitants.

Sous le mandat du maire Molard, en 1880, outre les écoles, la municipalité décide de construire les halles de Marcadieu et du marché de Brauhauban, rue des Grands-Fossés. Ces deux constructions, sur le modèle du pavillon Baltard, la référence de l'époque, sont l'œuvre de l'architecte parisien Escande.

Pendant une vingtaine d'années, les maires se suivent rapidement, à Tarbes. Les démissions succèdent aux décès et les anciens reviennent pour repartir aussi vite. Molard démissionne en mars 1881, immédiatement imité par Luyau, son successeur, que remplace Fénelas jusqu'en 1882. Vincent Luyau revient en 1883 et tient la place jusqu'en 1888. Battu par Sainte-Marie en 1888, il reprend son siège en 1892 et le garde jusqu'en 1894. Sainte-Marie fait alors son retour pour deux ans. En 1896, Adam est élu maire, et meurt en juin 1899.

La rue des Grands-Fossés, à Tarbes, l'une des plus commerçantes de la ville, où stationnent des voitures de louage, sortes de taxis de l'époque (coll. J. Sainz).

Dasque lui succède peu de temps, car en janvier 1900 apparaît Magnoac, avec lequel la municipalité connaît une certaine stabilité jusqu'en 1912.

Pendant cette période mouvementée, le cimetière de la Sède est agrandi (1888) et le nouvel abattoir, déjà prévu en 1888, est enfin construit en 1892. L'eau potable arrive à la même époque. Quatre-vingt-douze bornes-fontaines offrent gratuitement une eau de première qualité, garantie par des analyses de laboratoire, à une population qui n'est pas encore habituée à l'usage des salles de bains. En 1890, paraît-il, on aurait pu les compter sur les doigts d'une seule main.

À propos d'hygiène, Ernest Poueyferré fabrique, en 1880, des pompes aspirantes pour vidanger les fosses d'aisances, au grand dam des habitants d'Odos, spécialistes de ce travail à Tarbes, et qui utilisent le fruit de leur récolte particulière pour fumer leurs champs de choux.

Sous le mandat de M. Magnoac, la ville change. La nouvelle mairie déménage place de la Portète, à côté de l'hôtel des Postes et de la statue de Danton, qu'il faut déplacer pour l'occasion. Bien que les services administratifs s'y installent dès 1904, la nouvelle mairie n'est inaugurée que le 27 mai 1908 par le

Tarbes

Chauffeurs, Garez-vous !

CENTRAL-GARAGE de F. Lafitole

Le plus important, le mieux outillé. PANHARD. DARRACQ. CLEMENT. — Location Tourisme

La réclame du Central Garage, de Tarbes, parue dans La Dépêche du Midi *du 15 juillet 1914 (coll. J. F. R.).*

TARBES

Recommandé :

GRAND HOTEL DU COMMERCE

ET DE LA POSTE

Rue Massey, au centre des affaires

SERVICE IRRÉPROCHABLE - CONFORT - HYGIÈNE

R. LORTET, Propriétaire

Omnibus de l'hôtel à l'arrivée de tous les trains

La réclame du grand hôtel du Commerce, parue dans Le Journal de Cauterets *du 3 août 1903 (coll. J.-F. R.).*

ministre des Travaux publics, Louis Barthou qui, quelques années plus tôt, avait inauguré l'agrandissement du lycée, devenu officiellement lycée Théophile-Gautier le 15 mars 1912. Tarbes, un an plus tôt, a célébré en grandes pompes le centenaire de la naissance de son célèbre enfant, qui d'ailleurs passa très peu de temps dans ses murs.

En 1904, la municipalité s'oppose assez fortement à la jeune bourse du travail, que les édiles considèrent comme le repaire du parti radical encourageant les mouvements ouvriers. De ce fait, et par antagonisme politique, ils ne lui délivrent des subventions qu'avec une frileuse parcimonie.

À la fin de son mandat, M. Magnoac est de plus en plus chahuté par l'opposition, dont le chef Alexandre Boué déplore l'état critique dans lequel se trouvent la voirie, les écoles et les serres du jardin Massey, alors que les riverains de la Portète, en 1906, se plaignent de l'odeur des massifs non entretenus. Aux élections de mai 1912, Boué est élu, bien décidé à relever à Tarbes ce qu'il considère en déshérence. Mais les événements mondiaux ne lui laisseront pas le temps de mettre ses projets à exécution.

La prison

Longtemps, les dépendances du château comtal, place de la Portète, servent de prison. On y entasse une douzaine d'hommes dans des cellules prévues pour cinq ou six, et l'atelier, conçu pour recevoir vingt détenus, en occupe trente-cinq. Une nouvelle prison est donc construite rue Saint-Antoine. Inaugurée le 1er septembre 1889, elle est reconnue établissement pénitentiaire. Le chantier, qui a coûté 290000 francs, a été financé pour 145000 par l'État. Les condamnés des tribunaux, vagabonds et autres contrevenants seront mieux installés.

La municipalité de Lourdes

Pendant ce temps à Lourdes, le conseil municipal du 24 décembre 1898 décide de créer une ligne de tramways pour emmener pèlerins et visiteurs de la gare à la grotte de Massabielle. L'ensemble est inauguré le 1er août de l'année suivante, et ouvert au public un mois plus tard.

De 1896 à 1904, la ville de Lourdes connaît plusieurs maires: MM. Cazaux-Moutou (1896), Nestor Lapeyre (1900), Cazaux-Moutou à nouveau (1901) et Justin Lacaze (1904) (coll. J. Sainz).

Le nouvel hôtel des Postes, bâti à l'angle de la rue de Langelle et de la chaussée Maransin, est à la disposition des usagers dès décembre 1912. Il faut dire que dans cette ville de huit mille deux cent quatre-vingt habitants en 1906, les PTT ont un gros travail, surtout quand les pèlerins et les touristes affluent dans les hôtels. À cette époque, le bureau de poste de Lourdes reçoit quatre cents télégraphes par jour et en envoie le double. Son personnel se compose de dix facteurs ruraux, trois facteurs en télégraphie, quatre facteurs de ville et un préposé à la gare. Il est ouvert de 7 heures du matin à 9 heures du soir en été, et de 8 heures du matin à 7 heures du soir en hiver.

La ville, qui vit en majeure partie des pèlerins, compte un grand nombre d'hôtels pour les recevoir. Il y en a vingt-huit de recensés en 1900, année où est installé le tout-à-l'égout dans la ville. Parmi eux :

– l'hôtel de l'Ave Maria et de Notre-Dame-du-Salut, à deux minutes de la grotte, comme l'assure une réclame ;

– le Victoria Hôtel, rue Massabielle, tenu par Mme Menvielle qui, avant 1914, tenait aussi l'hôtel du Rosaire, boulevard de la Grotte ;

– le grand hôtel d'Angleterre, dont une publicité parue en 1910 dans *Le Journal de Bagnères* dit qu'il possède des appartements très confortablement meublés, et des salons à chaque étage, attenants aux appartements, qui ont vue sur la grotte, la basilique et l'esplanade du Rosaire où se font les processions aux flambeaux. La maison, propriété de Jules Fourneau, se dit sérieuse et sans réclame mensongère ;

– le grand hôtel de la Chapelle, tenu par la famille Soubirou, est le quatrième à la sortie de la grotte. Il est le plus vaste et le plus confortable de la ville, si l'on en croit la réclame de l'époque. Il offre une table d'hôtes renommée, ainsi que des magasins annexés proposant des objets de piété et des souvenirs de Lourdes.

S'y ajoutent les hôtels du Palais royal, tenu par M. Ross, de Paris, et les villas de l'Ermitage ou bien des sœurs Peyrot.

L'industrie et le commerce

En 1909, les mille trois cent soixante-deux établissements industriels et les deux mille quatre cent quatre-vingt-cinq commerces du département

À Arras, près d'Argelès, l'usine à diamants Lemoine emploie une cinquantaine d'ouvriers (coll. J. Sainz).

emploient mille deux cent trente-cinq garçons et huit cent douze filles de moins de dix-huit ans, et neuf mille sept cent vingt-trois hommes et trois mille vingt-cinq femmes adultes. À cette époque, le travail des enfants de moins de treize ans – douze s'ils possèdent le certificat d'études – est limité à dix heures par jour, alors que les adultes travaillent treize, voire quatorze heures. Un certain manque de sécurité et peut-être l'attention émoussée au bout de ces longues heures font qu'en 1909, on déplore sept cent troix accidents du travail dont neuf mortels et quatorze laissant des ouvriers infirmes.

Outre l'arsenal, quelques usines tarbaises sont de plus ou moins grande importance : les ateliers de construction mécanique A. Duhamel, l'usine hydraulique Pascal Dupont, au foirail, l'entreprise Briauhant, rue Massey, la manufacture de céramique Oustau-Clair, ou encore la fabrique de fourneaux

Ci-contre : la maison Lemoine, à Cauterets, fabrique des berlingots fort appréciés des touristes et des gourmands (coll. J. Sainz).

LES HAUTES-PYRÉNÉES
109. - CAUTERETS
LE NOUVEAU MAUHOURAT
ET LES CHALETS
H. LENOIR
H. LENOIR
H. LENOIR

COQUELUCHE la plus rebelle guérie SANS RIEN AVALER
par PÉCIFIQUE BUALÉ, ARGELÈS (H.-P.) franco **2,85**.

Réclame pour le Pécifique Bualé, un médicament souverain contre la coqueluche, parue dans Le Journal de Cauterets *du 3 août 1903 (coll. J.-F. R.).*

PRODUITS

Félix POTIN

Succursale de LOURDES

9, rue Saint-Pierre, 9.

— PANIER-DÉJEUNER —

Indispensable aux touristes

Depuis **2** fr. **50** (vin et couvert compris).

Réclame du magasin Félix Potin, de Lourdes, parue dans Le Journal de Cauterets *du 3 août 1903 (coll. J.-F. R.).*

LOURDES

Nous recommandons tout particulièrement à nos lecteurs le

Grand Hôtel de l'Ave-Maria

Et de N.-D. DU SALUT

TERRÉ-SERRES, Propriétaire

Maison de premier ordre avec le confort moderne

PRIX MODÉRÉS

à deux minutes de la Grotte.

Réclame de l'hôtel de l'Ave Maria *de Lourdes, parue dans* Le Journal de Cauterets *du 3 août 1903 (coll. J.-F. R.).*

ROBES, MANTEAUX, CONFECTIONS

CAPES COSTUMES D'ENFANTS

COSTUMES-TAILLEUR

MAISON RECOMMANDÉE

Mlle Jeanne LATAPIE

TAILLEUSE

RUE du PARC (entre César et les Néothermes)

CAUTERETS

Réclame de la maison Jeanne Latapie, couturière, parue dans Le Journal de Cauterets *du 3 août 1903 (coll. J.-F. R.).*

Martinetti, à quoi s'ajoutent quantité d'ateliers, blanchisseries industrielles à la vapeur, tanneries, poteries, fabriques de meubles ou marchands de cycles et d'automobiles.

Pour les commerces, les plus connus sont à l'enseigne du Printemps, Grand Bazar, à la Tentation, vêtements pour tous, les tissus Bonen, la chemiserie Fourcade, la quincaillerie À la ménagère ou la bijouterie Latreille, la cordonnerie Ducor et le marchand de meubles Émile Liau, au 5, rue Sainte-Marie.

À Bagnères-de-Bigorre, l'atelier des tissus et lainages des Pyrénées de M. Comet se présente comme la plus grande usine de la ville, où les commerces abondent.

À L'incroyable, 9, rue des Halles, Mlles Barnèche vendent toutes confections et « lingerie nécessaire ». P. Couppez loue et répare des automobiles avenue de la Fontaine-Ferrugineuse, et Joseph Solans, villa Nansouty, représente l'apéritif de marque Kina-Bris.

D'autres ateliers et commerces comme l'entreprise de travaux publics Eugène Coureau, la plomberie Joseph Ribes, 26, rue du Pont-de-l'Adour, l'usine de meubles et dépôt de planches de pin François Tapie ou l'imprimerie Bérot, 4, rue des Pyrénées, et le café-restaurant de la Fontaine, tenu par Justin Salles, complètent le tissu commercial où l'on dénombre quantité de charcuteries et boucheries, pour lesquels en 1911 on a tué à l'abattoir dix-neuf bœufs, cent quarante-huit veaux, cent vingt-trois moutons, cent vingt-deux porcs, trois chevaux et deux ânes.

Les carrières et les mines

Campan n'est pas seulement réputée pour sa laine, mais aussi pour son marbre, qu'on retire dans la vallée de Payolle, à Espiadet. La carrière, qui date probablement des Romains, connut une grande renommée, puisque son marbre, qui peut être qualifié de royal, fut utilisé pour les palais de Versailles et du Louvre notamment. D'Espiadet, une route tracée par le col de Beyrède emmène la pierre jusqu'à Sarrancolin d'où, embarquée sur la Neste, elle gagne la Garonne, puis Bordeaux. La carrière, arrêtée à la fin du XVIIIe siècle, reprend ses activités dans le courant du XIXe. Le marbre est transporté par chemin de fer et

Les carrières de marbre de Campan sont exploitées depuis les Romains. Elles ont fourni en marbre les palais de Versailles et du Louvre (coll. J. Sainz).

la carrière, qui occupe bon nombre d'ouvriers, alimente l'industrie de marbrerie de Bagnères-de-Bigorre, dont les ateliers ont excellente réputation. Hors de Campan, on trouve du marbre à Sarrancolin et à Troubat.

Le sol haut-pyrénéen recèle des richesses minérales qui suscitent une activité relativement importante. On extrait les moellons et pierres de taille des carrières de Lourdes, Saint-Pé-de-Bigorre, Montgaillard et Saint-Arroman, les pierres à chaux des sites de Soublecause, Lourdes, Beaudéan, Orignac, Agos-Vidalos et Madiran, qui fournit l'usine de chaux hydraulique de M. Franclieu à Hagedet, le plâtre à Lamarque-Pontacq, l'argile à Aureilhan et Barbazan-Débat pour les tuileries et poteries de Tarbes, le talc à Pouzac depuis 1909, et les ardoises à Génost, Pouchergues, Armanteule, Sailhan, Boursip, Germ, Juncalas, Saint-Créac, Lugagnan, Viger, Ossen, Ségus, Lourdes et Labassère, où l'usine est des plus modernes.

Un funiculaire fonctionnant à l'électricité remplace le chemin tortueux et plein d'ornières qu'empruntaient les lourds chars à bœufs qui, chargés jusqu'à

L'eau des ruisseaux alimentant la centrale d'Éget arrive par souterrain et emprunte une conduite forcée qui la précipite sur les turbines de l'usine (coll. J. Sainz).

la gueule, descendaient pesamment l'ardoise jusqu'aux ateliers. Les fendeurs travaillent dans des hangars, chaussés de sabots rudimentaires grossièrement taillés dans des rondins, aptes à résister aux chocs. Leurs tibias sont harnachés de tampons de chiffons qui leur protègent les jambes.

Deux cents ouvriers carriers et fendeurs y sont employés en 1907, à 6 francs par jour, alors que les abatteurs de roche ne gagnent que la moitié. L'ardoise de Labassère, jouissant d'une bonne renommée, s'exporte jusqu'en Amérique du Sud, en Espagne, en Angleterre et en Allemagne.

Le Conseil général recense, en 1909, dix concessions minières dans le département. Une de lignite à Orignac, trois de manganèse à Vielle-Aure, Adervielle et Loudervielle et six de plomb, zinc et métaux connexes à Aran, Géla, Héas, Gavarnie, Palouma, Pierrefitte et Arrens. Mais en 1909, seules les trois mines de manganèse et la mine de plomb de Pierrefitte ont une activité digne de ce nom.

Cette dernière, sur le site d'Estaing, est exploitée par la Compagnie des mines de Pierrefitte. Deux cent quatre-vingt-dix-neuf ouvriers y travaillent à l'extraction, dont cinquante-quatre à l'extérieur, auxquels il faut ajouter les cent trente-huit ouvriers de la laverie.

Les mines de Loudervielle et d'Adervielle s'occupent principalement des gisements de Nabias et de Poucherges. Ces deux concessions de la vallée de Louron emploient quarante-cinq ouvriers. La mine de Vielle-Aure, réactivée en 1909 sur les gisements de Coustous, Torrens et Guchen, occupe cinquante-deux employés. À Villelongue, l'usine de la Société pyrénéenne du silico-manganèse, dont le siège social est à Lyon, emploie trente ouvriers. La petite mine de Chèze, près du vieux pont d'Enfer, fournit au début du XXe siècle du sulfure de plomb (galène) et de zinc (blende), mélangés de pyrite de fer. Une centrale électrique, fonctionnant grâce à une chute d'eau de cent quatre-vingt mètres, donne l'énergie nécessaire à cette petite entreprise.

Enfin, il existe à Ossun-Lamarque une tourbière où travaillent irrégulièrement trois à quatre ouvriers.

L'industrie de la forêt est représentée par les scieurs de long de Luz et d'Esquière, et par les nombreuses scieries qui, construites le long du gave de Pau, sont actionnées par l'énergie hydraulique. Les charbonniers de Viscos produisent du charbon de bois et vendent en même temps du bois de chauffage.

Au début du XXe siècle, la forêt recommence à être prise en considération et l'on replante, après avoir cédé aux déboisements inconsidérés, cause de la ruine des hautes vallées de Luz, de Barèges et de Gavarnie. Mais de nombreuses scieries travaillent encore sans aucun discernement, coupant n'importe comment le bois dont elles ont besoin.

D'autres activités, beaucoup plus locales, occupent quelques personnes. Ainsi, Luz est réputée pour ses cordes de chanvre ; à Gèdre, les forgerons et les tisserands jouissent d'une renommée ayant largement dépassé les frontières de leur village.

Quant à la houille blanche, qui éclaire déjà Argelès en 1890, elle contribue légèrement, pendant quelque temps, à freiner l'exode rural.

Dans le massif du Néouvielle, l'usine d'Eget, en service en 1917, comme celle de Soulom, utilise les eaux de la Neste et de ses ruisseaux, qui arrivent à l'usine par un souterrain. La centrale de Saint-Lary est construite en 1916.

La plupart des ouvriers et employés de ces industries et commerces souscrivent à une société de secours mutuelle qui, selon les cas et les branches professionnelles, les aident à leur retraite, pendant la maladie, les accidents ou tout autre cas. Ces sociétés mutuelles aux activités très diverses sont présentes partout, dans toutes les villes et villages. Cas parmi tant d'autres, la société « Aide-toi, le ciel t'aidera » est fondée à Luz en 1907.

Les transports

Très tôt, le chef-lieu du département est relié au réseau des chemins de fer. La ligne Tarbes-Morcenx-Bordeaux est inaugurée en août 1859. Bayonne-Toulouse, avec arrêt à Tarbes, l'est en 1866.

Le train, à ses débuts, représente un tel progrès dans le mode des transports que toutes les villes veulent leur gare. Et quand les grandes sociétés telles que la Compagnie des chemins de fer du Midi, reliant Paris, Bordeaux, Toulouse et Sète, ne s'arrêtent pas dans un village, le département construit son propre

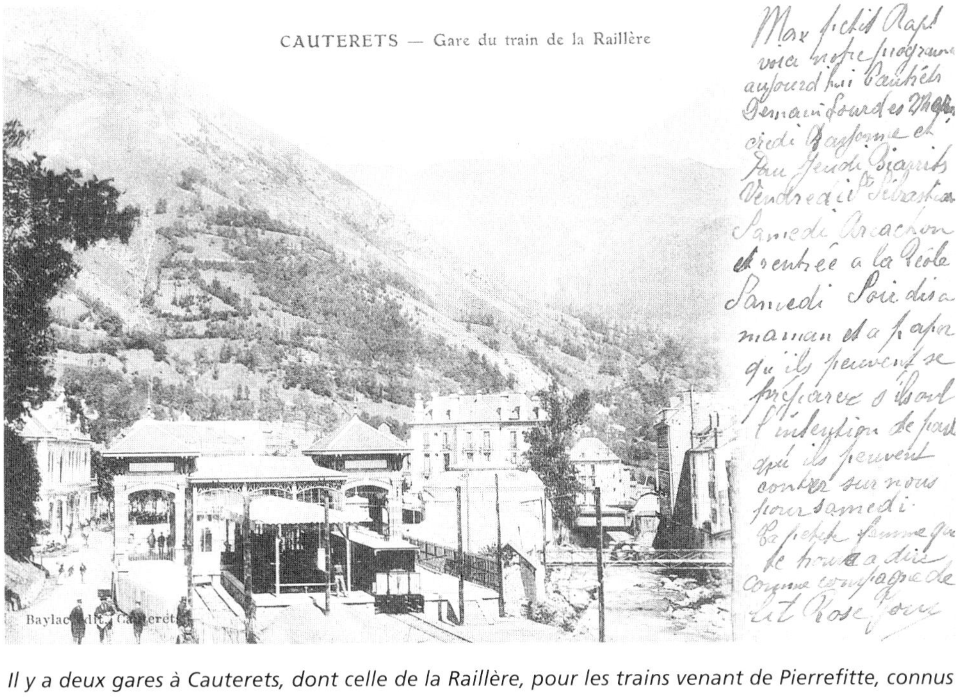

Il y a deux gares à Cauterets, dont celle de la Raillère, pour les trains venant de Pierrefitte, connus sous le sigle PCL, c'est-à-dire Pierrefitte-Cauterets-Luz (coll. J. Sainz).

À Cauterets, le tramway de la Raillière est inauguré le 2 août 1897 (coll. J. Sainz).

réseau local. Bien sûr, dans une région au relief aussi tourmenté que les Hautes-Pyrénées, tracer les voies est un travail de titan. Il faut édifier des ponts pour enjamber les rivières et les ravins, et creuser des tunnels pour éviter les trop fortes pentes, autant d'ouvrages d'art nécessaires si l'on ne veut laisser à l'écart des villes comme Cauterets ou Luz.

Le chemin de fer électrique Pierrefitte-Luz entre en service en 1896. Sur la distance de douze kilomètres, la dénivellation est de deux cent quarante mètres. Cauterets est desservie par les tramways électriques l'année suivante, puisque la ligne de la Raillère est inaugurée le 2 août 1897, et celle de Pierrefitte le 12 juin 1899. Pendant la saison, ce train relie Cauterets et Luz.

Pierrefitte est en tête de ligne pour les trains de Luz-Saint-Sauveur depuis 1896, et pour ceux de Cauterets à partir de 1899 (coll. J. Sainz).

Pour amener les tramways à Cauterets, il a fallu construire de nombreux ponts enjambant les torrents (coll. J. Sainz).

Ces deux lignes possèdent chacune une gare à Cauterets, ce qui est peu pratique. Elles sont gérées par la Compagnie des chemins de fer de Pierrefitte-Cauterets-Luz, plus connue sous le sigle PCL.

En saison, les tramways partent de Cauterets à 10 h 15 et arrivent à Luz à 11 h 38. Le retour de Luz se fait à 14 h 15 de l'après-midi. Le prix du voyage est de 7,90 francs en première classe, et de 5,90 francs en seconde.

Le tramway Lourdes-Artigues, mis en service à partir de 1914, sera très utilisé pendant le premier conflit mondial. C'est sur cette ligne, au village de Gripp, que se produit le premier accident grave de chemin de fer du département le 31 août 1916, entraînant la mort de six personnes.

L'inauguration des tramways de la Bigorre, sur le trajet Bagnères-Lourdes, a lieu le 8 janvier 1914. La presse locale écrit à ce sujet: «Le convoi avait dans nos rues un très bon effet. Malheureusement, un amas de glace sur la voie, en face de Médoux, a provoqué un déraillement malencontreux qui interrompit le voyage, sans occasionner d'autres dégâts que des heurts douloureux entre les personnages de marque qui se trouvaient dans les voitures…» Ce service régulier fonctionne dans le courant du mois de janvier. Il en coûte 35 centimes pour se rendre à Campan et 1,20 franc pour aller à Lourdes.

En 1910, le département est couvert par 206 744 kilomètres de rails, desservant cinquante gares.

Parallèlement aux trains et tramways, les autobus entrent en lice sur les routes des Hautes-Pyrénées dès juin 1908, lorsque les transports Purrey, de Bordeaux, circulent pendant deux ans sur le trajet Tarbes-Castelnau-Magnoac-Lannemezan. En 1909, l'entreprise Lafitte, concessionnaire de transport de voyageurs et de dépêches, soumissionne les lignes Arreau-Saint-Lary et Arreau-Loudervielle. Les autobus doivent, pour obtenir une concession de ligne, s'engager à acheminer les journaux, quelques petits colis et des dépêches en plus du service des voyageurs. À cette condition, ils obtiennent une subvention du Conseil général.

Fin juillet 1908 se déroule l'inauguration de la ligne des cars Bagnères-Lourdes en présence d'une pléiade de notables, dont le préfet Coggia, le sénateur Pédebidou, le conseiller général Abadie, le maire de Bagnères M. Fortassin et le sous-préfet Boiry. «Les voitures dans lesquelles ont pris place les personnalités dévalent vers la Salière, traversent Pouzac et Trébons où les habitants sont massés devant leurs portes (…) à l'allure de 15 km/h, puis atteignent la côte de Montgaillard qu'elles grimpent avec aisance…», rapporte la chronique de l'époque.

Le départ a lieu à Bagnères, place des Coustous, devant le café Riche, le matin à 7 heures et à 9 heures, et le soir à 4 heures. De Lourdes, les horaires sont fixés à 9 heures du matin, 2 h 30 et 6 heures du soir, au départ de la place de Marcadal, devant le café Français. Le parcours dure 1 h 20 et coûte 3,50 francs pour un aller et retour. Pour un parcours partiel, c'est 10 centimes du kilomètre, et 25 centimes par 25 kg de bagages.

Devant la mairie d'Arreau, une voiture tirée par quatre chevaux sert encore de moyen de transport pour les voyageurs, au début du XXe siècle, pour rejoindre les bourgs où le train ne passe pas (coll. J. Sainz).

La ligne Pau-Gavarnie, qui existe depuis 1905, dessert Gavarnie tous les lundis pendant la saison, et Lourdes-Gavarnie tous les jeudis.

À Tarbes, on trouve bon nombre de fiacres stationnés principalement sur le Maubourguet, cœur de la vie tarbaise. Ils sont une quarantaine en 1900 qui, tirés par un cheval, mènent la clientèle là où elle le désire. À côté de ces taxis avant l'heure, il reste une diligence sur le parcours de Trie, seule contrée du département qui ne possède pas de voies ferrées. Cette voiture tirée par quatre ou six chevaux véhicule une douzaine de voyageurs supportant aussi bien les cahots des chemins que les haltes aux postes pour changer d'attelage. Ce n'est qu'en 1912 que les cars prennent son relais.

Les premiers revêtements goudronnés apparaissent sur les routes dès la fin du XIXe siècle (coll. J. Sainz).

Les routes

Le réseau routier dans son ensemble est déjà en place dans la première moitié du XIXe siècle. Les grandes villes, Tarbes, Bagnères, Lannemezan, Argelès, Lourdes, Cauterets sont normalement desservies par des routes qui, bien sûr, vont en s'améliorant au fil du temps et du progrès. Mais à cette époque, il faut encore compter 18 heures de diligence pour se rendre de Bagnères à Toulouse.

Les villages et les hameaux les plus isolés dans la montagne restent longtemps tributaires de chemins escarpés où seuls les ânes et les mulets peuvent passer sans encombre. De ce fait, ils sont les seuls moyens de transports connus dans ces villages retirés, fréquentés souvent par les contrebandiers.

Les cantonniers départementaux dégagent la neige sur les routes des cols pour permettre la circulation des voitures (coll. J. Sainz).

L'arrivée de l'automobile et des autocars accélère la réfection et la reconstruction de toutes ces voies, dont s'occupe une armée de deux cent vingt-sept cantonniers départementaux, coûtant 151 730 francs de salaire au Conseil général en 1909.

Quatre routes nationales traversent le département. La nationale 21, de Paris à l'Espagne via Bagnères-de-Bigorre, la nationale 117, de Perpignan à Bayonne, la nationale 129, d'Auch à l'Espagne et la nationale 135, de Bordeaux à Bagnères, pour un total de 347,969 kilomètres.

Le Conseil général entretient les routes dites thermales reliant Bagnères-de-Bigorre à Bagnères-de-Luchon et Argelès à Eaux-Bonnes, soit une longueur totale de 106,5 kilomètres dans le département. En 1909, il y exécute pour

35 300 francs de travaux, même somme en 1910, le plus gros morceau des dépenses routières revenant aux 1 178 kilomètres de chemins vicinaux, soit la somme de 359 855 francs en 1909, dont 20 540 francs pour refaire le pont de Bours, sur l'Adour.

Les automobiles, de plus en plus nombreuses – on note quarante-huit nouvelles immatriculations en 1909, alors que quarante-six personnes passent avec succès leur capacité à conduire –, engendrent rapidement une réglementation à l'intérieur des villes. Leur vitesse excessive amène les municipalités à prendre des mesures restrictives à leur encontre. Ainsi à Tarbes, l'arrêté du 26 juin 1899 la limite à 12 km/h. À Cauterets, le maire Latapie interdit, le 31 mai 1913, de dépasser les 10 km/h aux automobilistes, vélocipédistes et cavaliers.

La Poste

Selon le rapport du directeur de la Poste remis au préfet en 1909, il y a deux cent quarante-deux abonnés au téléphone, contre deux cent trent-cinq en 1908, qui ont rapporté 17 600 francs, alors que les appels donnés des bureaux de poste ont produit 19 013 francs de recettes. Au total, cent trente six mille deux cent trente et une communications téléphoniques, contre cent deux mille quatre cent soixante-douze l'année précédente, ont été échangées. C'est normal dans la mesure où cette année-là, plusieurs bureaux de poste sont reliés au réseau téléphonique, (Ossun, Galan, Pierrefitte, Castelnau-Magnoac, Castelnau-Rivière-Basse et Bordères-Louron) et que le second réseau entre Tarbes et Pau atteint sa pleine utilisation.

Le service du télégraphe pour sa part a rapporté 897 500 francs. Un nouveau bureau télégraphique est installé à Tarbes, place Maubourguet.

En 1909, s'ouvrent les bureaux de Burg, Séron et Aragnouet, alors que Villembits, Cieutat, Monlong et Laméac obtiennent un nouveau facteur, tout comme Lomme et Campan, et que la commune de Puntous bénéficie d'une seconde tournée.

Cette année-là, une indemnité de bicyclette est accordée aux facteurs de Lannemezan, Oursebelille, Vic-Bigorre, Bonnefont, Maubourguet, Galan et Pouyastruc.

Le Conseil général et l'assistance

Le budget primitif du Conseil général pour l'année 1911 fait état de 1 298 996 francs de recettes, contre 1 297 809 francs de dépenses. En regardant un peu dans le détail, les impôts directs entrant dans les recettes pour 910 359 francs se décomposent ainsi :

Arrondissement de	**Tarbes**	**Bagnères**	**Argelès**
Propriétés non bâties	277 752	148 811,69	865
Personnelle mobilière	126 562,59	764,45	793
Portes et fenêtres	81 604,59	699,40	409
	496 428 francs	232 119 francs	181 812 francs

Le tableau des dépenses comprend beaucoup plus de comptes que celui des recettes. En effet, le Conseil général gère presque tout dans le département, des routes à l'assistance aux enfants et aux vieillards, des chemins de fer locaux à l'entretien des immeubles, des écoles aux subventions agricoles, et bien d'autres choses encore.

Ainsi relève-t-on, parmi les dépenses, 160 377 francs pour l'entretien de la préfecture et des prisons, 114 403 francs en salaires de personnel, 68 023 francs pour les enfants assistés, 77 893 francs pour l'assistance médicale gratuite, 171 030 francs pour l'assistance aux vieillards dont 132 735 francs d'allocations mensuelles et 18 743 francs pour les assistances non prévues.

Pour l'enfance

Au 31 décembre 1909, le Conseil général subvient aux besoins de six cent neuf enfants sans ressources et sans toit pour raisons diverses. Parmi eux, on dénombre trois cent quarante-cinq enfants assistés ou moralement abandonnés, soit cent quatre vingt-trois garçons dont cinquante et un légitimes et cent trente-deux naturels, et cent soixante-deux filles, dont trente-neuf légitimes et cent vingt-trois naturelles.

Les enfants abandonnés sont cinquante, soit vingt-huit garçons et vingt-deux filles âgés de moins de treize ans. Dans le détail, ils sont deux enfants naturels trouvés, sept enfants légitimes et trente-deux naturels abandonnés, quatre orphelins, une enfant légitime et un enfant naturel moralement abandonnés et trois enfants mis en garde.

En cours d'année 1909, cinquante-cins de ces pupilles ont été radiés des tablettes de l'assistance, vingt étant passés sous tutelle, quatre sont retournés chez leurs parents, neuf sont devenus majeurs, deux se sont mariés, un a été admis au dépôt et dix-huit enfants de moins de treize ans sont décédés (huit sont morts à l'hospice, neuf dans leur famille d'accueil et un à l'hôpital des Enfants à Bordeaux).

La grande majorité des enfants assistés sont, dès leur plus jeune âge, placés dans des familles d'accueil, où ils trouvent un mode de vie plus convivial qu'à l'hospice.

Deux cent dix-huit d'entre eux, âgés de moins de treize ans, le sont en 1909, dont deux cent quatre à la campagne et quatre dans des familles tarbaises.

« Les demandes d'enfant, dit un rapport du Conseil général de cette année-là, nous parviennent nombreuses, ce qui nous permet de choisir. Les placements, même pour les pupilles âgés de treize à vingt et un ans, se font presque uniquement à la campagne. Nos pupilles n'y perdent rien au point de vue de leurs gages et y gagnent en santé. Nous ne comptons que huit de nos filles domestiques en ville, sept à Tarbes et une à Bagnères. »

Dans les contrats de placement, les pupilles ont le gîte et le couvert, plus une petite somme pour leurs menus besoins. Le reste de leurs gages est placé sur un livret de caisse d'épargne géré par l'hospice dont ils dépendent, car une partie de leur gain sert à la gestion de cet hospice.

Le préfet, représentant tout-puissant de l'État, préside toutes les séances du Conseil général dont il reçoit les vœux qu'il transmet aux ministères concernés (coll. J. Sainz).

Il y eut en 1913, dans l'arrondissement de Bagnères, trois cent cinquante-trois mariages, neuf cent onze naissances et mille deux cent trente et un décès. La dénatalité reste un des grands soucis des autorités (coll. J. Sainz).

L'hôpital Saint-Jean-Baptiste, de Guchen, est, comme tous ceux du département, géré par le Conseil général (coll. J. Sainz).

En 1909, soixante et onze garçons et cinquante quatre filles possèdent un livret pour une épargne totale de 34 117 francs. L'année suivante, soixante-trois garçons et quarante et une filles ont un avoir de 31 192 francs sur leurs livrets.

Jusqu'à la fin de l'école obligatoire, les enfants des hospices ou placés en famille d'accueil sont tenus de suivre la classe. S'ils réussissent leur certificat d'études, le Conseil général offre une prime de 30 francs divisée en trois parts de dix francs, une pour l'instituteur, une pour la nourrice et une pour l'élève.

Les enfants secourus temporairement sont ceux qui, pour une raison ou une autre, indigence, décès, disparition ou emprisonnement des parents, ont besoin d'une aide financière pendant un certain temps, généralement fixé à trois ans. Ils sont cent quarante et un garçons et cent vingt-trois filles dans ce cas en 1909.

La protection du premier âge concerne trois cent soixante-six nourrissons, régulièrement visités par cinquante-cinq médecins se partageant cinquante-quatre circonscriptions. Deux cent quarante et un de ces petits sont élevés au sein chez leur nourrice ou par leur mère, quatre-vingt-dix-huit le sont au biberon, quatorze ont un allaitement mixte, trois d'entre eux étant déjà sevrés. Parmi eux, il y a deux cent soixante enfants légitimes dont cent seize filles, et cent six enfants naturels dont quarante-neuf filles. Treize sont morts au cours de l'année 1909, cinq élevés au sein, six au biberon et deux recevant un allaitement mixte.

Chaque année, les nourrices les plus méritantes sont récompensées par le Conseil général qui leur alloue une prime dégressive : Hortense Frulin, de Vic reçoit 25 francs, Élisa Méricq, de Lourdes, 20 francs, ainsi que Germaine Doucet, d'Ossen, ou Anna Sarthou, de Bordères-sur-l'Echez, alors que Marie Villeneuve, de Pouzac, reçoit 5 francs.

Assistance gratuite

L'assistance médicale gratuite est dispensée aux indigents par des médecins agréés par le Conseil général, payés 5 francs par an et par famille, à quoi s'ajoute un franc par visite effectuée. Les malades doivent nécessairement prendre leurs médicaments chez des pharmaciens eux-mêmes agréés.

Les dépenses qu'elle occasionne à la collectivité sont supportées par les communes, le Conseil général et l'État. Ainsi les 54 874 francs dépensés pour l'année 1909 se décomposent de la manière suivante : 33 361 francs supportés par les communes, 8 605 francs par le Conseil général et 12 908 francs par l'État.

Tous les actes médicaux sont pris en compte par cette assistance gratuite, notamment la maternité (soixante et onze femmes enceintes sont aidées) et l'hospitalisation, qui concerne cent soixante et un malades à Tarbes, dix à Vic-Bigorre, dix à Bagnères, vingt-trois à Argelès et un à Lourdes.

Enfin, l'assistance aux vieillards, obligatoire depuis la loi de 1905, touche deux mille trois cent soixante-douze vieillards dont quatre cent trois infirmes et deux cent vingt trois incurables. Il en coûte 171 030 francs au Conseil général, dont 132 735 francs en allocations mensuelles.

Comme l'établissement thermal des Œufs de Cauterets, quelques-uns à Bagnères possèdent une grande piscine (coll. J. Sainz).

Le thermalisme

Les eaux de Capvern et de Bagnères-de-Bigorre sont connues et appréciées des Romains, comme la plupart des thermes. Les vestiges découverts sur les lieux laissent à penser que leurs établissements, assez vastes, possédaient un certain raffinement, ce qui n'est déjà plus le cas au XVIe siècle, quand Marguerite de Navarre et Rabelais fréquentaient les eaux de Cauterets. Barèges, au XVIIe siècle, n'est qu'une triste bourgade lorsque Madame de Maintenon y accompagne le duc du Maine, bâtard de Louis XIV, et que le premier établissement thermal militaire s'y installe pour recevoir les soldats blessés.

Bagnères-de-Bigorre, à l'époque du romantisme, devient une station à la mode. La duchesse de Berry, Alfred de Vigny, Chateaubriand, Lamartine, Victor Hugo, George Sand, Delacroix et bien d'autres viennent y prendre les eaux. Napoléon III et l'impératrice Eugénie donnent un dernier coup de pouce à l'essor des stations thermales pyrénéennes en 1859, avec leur séjour à Luz-Saint-Sauveur.

Grâce à ses eaux, la région se désenclave et sort de son anonymat provincial. Le train arrive à Tarbes, à Lourdes et à Bagnères. Les routes sont améliorées, d'autres sont construites et on bâtit de véritables palaces pour recevoir ce beau monde. Mais cet essor ne draine des profits que pour les investisseurs ou les étrangers au pays, sans réelles retombées pour les autochtones, sauf quelques commerçants. Et Gavarnie, qui à la fin du XIXe siècle compte plus d'une trentaine de guides, reste malgré tout un modeste village de petites gens.

Puis les célébrités changent de stations thermales et laissent leur place à des touristes et curistes plus populaires, moins exigeants mais plus nombreux, couplant parfois leur séjour avec un pèlerinage à Lourdes. Cette mutation favorise la reprise en main des ressources touristiques par les Pyrénéens eux-mêmes.

Conseiller général de Bagnères pendant quarante-deux ans, l'avocat Gustave Abadie fut aussi président du Conseil général pendant huit ans (coll. J.-F. R.).

Bagnères-de-Bigorre

« Elle n'a point de maison qui ne semble être neuve,
L'ardoise luit partout, chaque rue a son fleuve
Qui, clair comme cristal, par la ville ondoyant
Va toute heure qu'on veut le pavé balayant... », écrit au XVIe siècle Guillaume de Sallustre, seigneur de Bartas.

Quelques siècles plus tard, le grand pyrénéiste Ramond renchérit : « Lieu charmant où le plaisir a ses autels à côté de ceux d'Esculape, et veut être la moitié dans ses miracles ; séjour délicieux placé entre les champs de la Bigorre et les prairies de Campan, comme entre la richesse et le bonheur. (...) La métropole des eaux thermales sur l'Adour, aux rues larges abondamment arrosées, aux promenades magnifiques, croule sous les éloges. (...) Petite ville si propre qu'il semble qu'un de nos rois l'a fait acheter en Hollande pour servir de modèle à ses sujets du Midi... »

Les thermes sont construits sur l'emplacement de deux piscines romaines où le marbre est largement employé. En 1879 déjà, on estime à quinze mille le nombre des curistes y venant chaque année. Et en 1900, la gare voit défiler deux cent trente-deux mille huit cent trente-six voyageurs, deux cent quinze mille deux cent sept l'année suivante.

À 550 mètres d'altitude, de ses trente-sept sources coule une eau minérale sulfatée, calcique et ferrugineuse. Universellement réputées pour les affections morbides du système nerveux, comme la neurasthénie (source Salut), elles ont aussi une efficacité reconnue contre les maladies de la femme, les rhumatismes

On peut prendre les eaux sous diverses formes, en bains, en douches ou en boisson, comme sur ce document à la buvette de Lasserre (coll. J. Sainz).

de toutes sortes (source des Platanes), les affections urinaires, de l'estomac, de la peau et les désordres pulmonaires (sources Labasserre ou Foulon). La station est d'ailleurs conseillée pour ses cures d'air, grâce à la pureté du climat dans lequel elle baigne.

Dans la belle station bigorranne, les hôtels sont tous plus riches et plus accueillants les uns que les autres, l'hôtel d'Angleterre, le grand hôtel de Paris, sur la promenade des Coustous, le grand hôtel Victoria, dirigé par J. Pères, succursale de l'hôtel d'Angleterre qui, en 1910, possède un salon d'hydrothérapie, la recommandation de l'Automobile club de France et le téléphone (le 20), ou le grand hôtel des Voyageurs et l'hôtel du Grand Vignemale, tenu par la famille Vergez-Bellon, qui propose des truites des neiges à son menu.

Le commerce de Bagnères est suffisamment fourni pour que le curiste et le touriste trouvent ce qu'ils désirent, y compris des souvenirs tels que des poupées en costume des Pyrénées et d'Espagne, en vente au magasin À Jeanne d'Arc, 15, allée des Coustous, ou bien des fournitures photographiques chez

Chaque établissement thermal a ses salons de conversation et de lecture, où les curistes peuvent se reposer après leur cure (coll. J. Sainz).

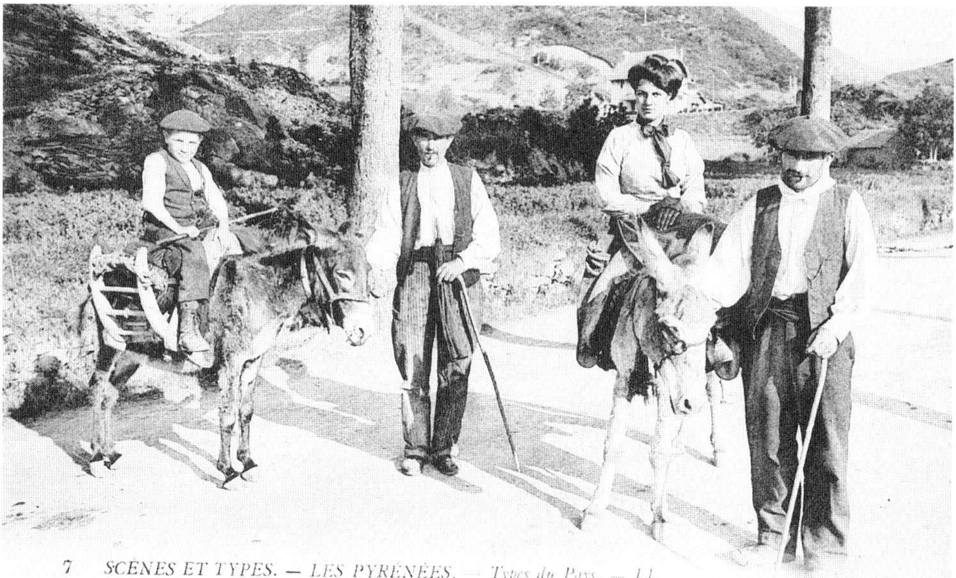

Dans les stations, les animaux de selle, ânes et chevaux, sont à la disposition des touristes désirant faire une promenade dans la montagne (coll. J. Sainz).

L'hôtel de France, à Bagnères, est un des nombreux et luxueux établissements que possède la ville (coll. J. Sainz).

Herskowiza, rue du théâtre, à emmener avec soi lors des promenades dans les montagnes environnantes. Ils n'oublieront pas, avant de partir, de faire provision de « berlingots-bijoux des Pyrénées » aux sels naturels des eaux minérales, fabriqués par Camille Lafaille au 13, rue Gambetta, vendus aussi à la succursale de Capvern pour 1 franc la boîte, et pourront enfin s'acheter des lunettes pour automobilistes à la pharmacie Pouverreau.

À Barèges, la mère aux ânes, de son vrai nom Mme Thomas, livre le lait à domicile avec son ânesse nommée Paulette. C'est une vraie célébrité locale (coll. J.-F. R.).

Barèges

La commune, qui, de 1675 à 1681, reçoit par trois fois le duc du Maine affligé d'un pied bot, a la réputation de soigner les bancals et les accidentés. Située à 1 250 mètres d'altitude, elle se targue elle aussi d'avoir l'air le plus pur des Pyrénées. Les malades y viennent pour soigner des affections lymphatiques, des scrofulides cutanés ou des muqueuses, des écrouelles, des tumeurs blanches, des caries vertébrales, des affections de la peau, le mal de Pott, des rhumatismes de toutes sortes, des phlègmasies, métrites, leuchorrées, maladies dyscrasiques, la syphilis et, bien sûr, les maladies des os, fractures et blessures de guerre.

L'eau de ses douze sources est, dès 1815, vendue en bouteilles au prix d'un franc en 1898. On y produit aussi une solution particulière appelée « bain de Barèges » qu'on emmène chez soi et qui, versée dans la baignoire, a paraît-il les mêmes bienfaits que la cure.

La renommée de la station éclipse complètement Vizos, sa petite voisine.

Blottie aux creux des montagnes, Cauterets est une des plus importantes stations thermales des Pyrénées (coll. J. Sainz).

Cauterets

Les eaux qui sourdent à 36 et 53 °C donnent son nom latin au village, *caldéria* signifiant « chaudière ». Renommée de longue date, la station accueille au XVIe siècle des curistes célèbres comme Rabelais ou Marguerite de Navarre, qui s'y rendent en chaise à porteurs. Si les cures sont bienfaisantes, une légende met en garde contre les fées des vertiges qu'on rencontre près des rochers et des grottes. Leur regard est, dit-on, si provoquant et ardent, qu'il fascine et emporte celui qui le croise.

Neuf établissements thermaux, où les bains coûtent de 1 à 2,50 francs selon la saison, la source et l'heure, permettent aux malades de soigner ou d'améliorer leur état. Les chanteurs d'opéra et les orateurs venus rétablir leur gosier irrité défilent aux sources César et Espagnols et aux thermes de la Raillère, réputés pour les tousseurs et les enroués. Plus de deux cents personnes à la fois se soignent dans le hall des gargarisoires.

Les thermes de César, réputés auprès des personnes affectées de toux chronique, reçoivent la visite des chanteurs d'opéra et des orateurs qui y soignent leurs cordes vocales (coll. J. Sainz).

Le Mauhourat est spécialisé dans les affections du tube digestif (coll. J. Sainz).

Réclame du grand hôtel Continental, parue dans Le Journal de Cauterets *le 3 août 1903 (coll. J.-F. R.).*

Le Mauhourat, où la source coule à 50 °C, est spécialisée dans les maladies de l'appareil digestif. Les Œufs, établissement moderne sur l'esplanade du même nom, possèdent une grande piscine (20 mètres sur 8) où 600 000 litres d'eau sulfureuses coulant chaque jour traite les nevrosthémies et les asthénies. Les Néothermes, propriété de la municipalité depuis 1901, sont réservés aux traitements de la peau et à la neurasthénie, alors que le Pré soigne les rhumatisants et les lymphatiques.

Le Bois, un des plus anciens thermes reconstruit en 1889, a une grande réputation pour les rhumatismes viscéraux et les névralgies à formes douteuses.

Le dernier établissement, le Petit Sauveur, propriété de la famille Meillon dès 1908, traite efficacement les neurasthéniques, les névropathes et les femmes stériles. Elle propose un service de kinésithérapie et aux femmes en mal d'enfants, une salle de douches vaginales où opère un *frétayre*, un frictionneur. Cette charge officielle, dévolue à un vieil homme au-dessus de tout soupçon, suscite bien évidemment autant de convoitises que de sous-entendus de toutes sortes. À ce sujet, la tradition attribue à Marguerite de Navarre le

Réclame du café du Casino, parue dans Le Journal de Cauterets *du 3 août 1903 (coll. J.-F. R.).*

nom de Fontaine d'amour donné à cette source dont la réputation, déjà à l'époque de la sœur aînée de François Ier, est d'être bonne pour la guérison des femmes stériles, ses eaux étant qualifiées d'engrosseuses.

À l'instar de la plupart des stations du département, Cauterets offre une panoplie de loisirs les plus variés à ses curistes et touristes en villégiature. Outre le casino, les concerts et les pièces de théâtre régulièrement proposés, des chevaux de selle, des ânes et des voitures hippomobiles ou automobiles permettent des excursions dans le voisinage. De plus, le service religieux est à discrétion, si l'on peut dire, car la station est fréquentée par plus de cinq cents prêtres devant, chaque jour, faire leur office. De leur côté, les protestants suivent leur culte chaque dimanche.

Cauterets, grande rivale de Bagnères, n'a pas hésité à la fin du XIXe siècle à s'engager dans les grands travaux. Restauration du casino des Œufs et nouveau kiosque à musique en 1897, alors que depuis 1890 l'eau courante arrive à tous les étages des hôtels, qui bénéficient de toutes les commodités de l'électricité à partir 1900.

Les casinos sont autorisés en 1908 à proposer des jeux de hasard, alors que le théâtre du Casino rouvre ses portes cette même année, après une longue période de fermeture. Il faut dire que la station est fréquentée par du beau monde. Degas y fait plusieurs séjour vers les années 1890, de même que Fran-

Réclame de la station de Cadéac-les-Bains, *parue dans* La Dépêche du Midi *du 15 juillet 1914 (coll. J.-F. R.).*

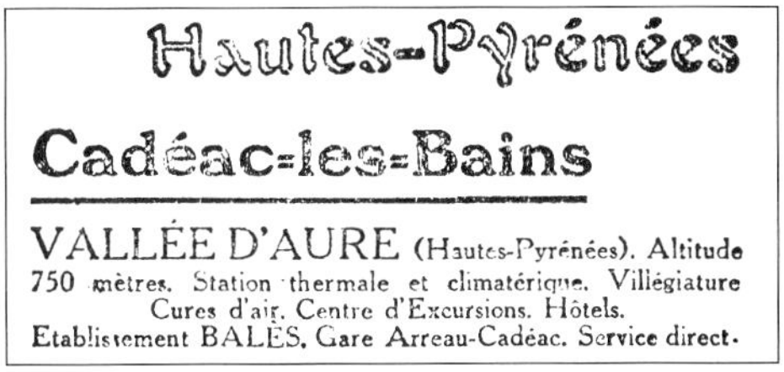

Réclame de la cité thermale de Capvern, parue dans La Dépêche du Midi *du 15 juillet 1914 (coll. J.-F. R.).*

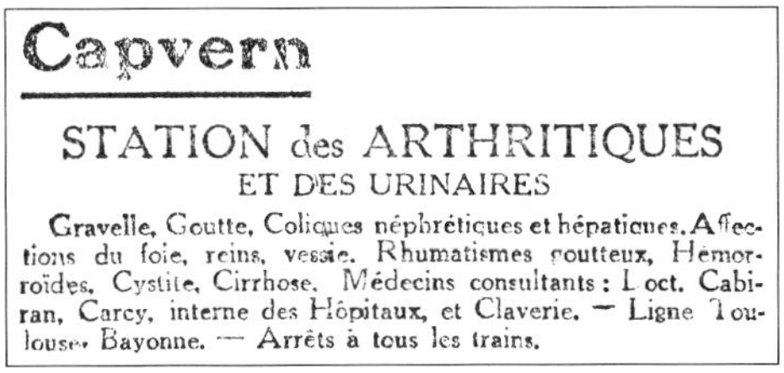

Réclame de quelques villégiatures recommandables à Capvern, parue dans La Dépêche du Midi *du 15 juillet 1914 (coll. J.-F. R.).*

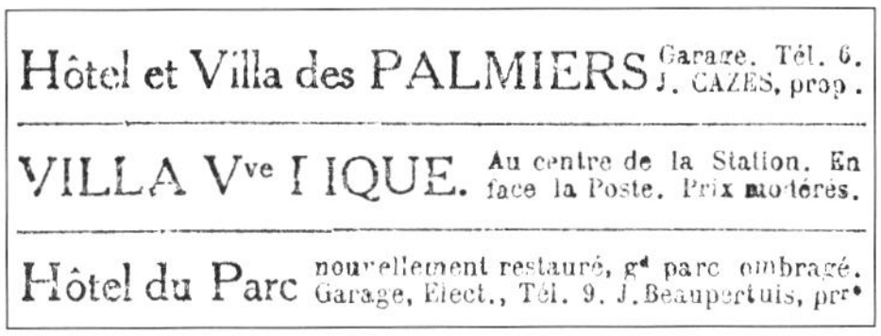

çois Coppée (1883) ou Sarah Bernhardt. Le roi d'Espagne Alphonse XIII y vient en 1905, Édouard VII, roi d'Angleterre, la visite l'année suivante, Mistinguette s'y gargarise.

En mai 1905, une cinquantaine de médecins d'Outre-Manche et leurs épouses, répondant à une invitation du maire, tiennent un congrès qui ressemble plus à une villégiature qu'à une séance de travail scientifique.

Les autres stations

Cadéac-les-Bains, au sud d'Arreau, est une petite cité thermale tranquille, dont les eaux sulfureuses de la fontaine de Soulagnets ont les mêmes propriétés que celles de Bagnères, bien plus en vogue. Elle compte deux établissements, fréquentés par des malades dont la fortune ne leur permet pas d'aller à Bagnères.

Capvern-les-Bains, proche de Lannemezan, est alimentée par deux sources, la Count Caoude, fontaine chaude, et la source bouillonnante de Bouride.

Selon la légende, les propriétés de la fontaine chaude ont été découvertes comme celles de Dax, dans les Landes, par un chien galeux qui venait y apaiser ses démangeaisons.

Argelès-Gazost prend son essor avec l'arrivée du chemin de fer, et ce n'est qu'en 1885 qu'on y construit le premier établissement thermal. Dès lors, les malades affluent. On y traite surtout la tuberculose, ce qui entraîne la création de sanatoriums jouissant rapidement d'une bonne réputation. La ville, électrifiée dès 1890, compte de beaux séjours, tels que les hôtels du Parc et celui d'Angleterre, tenu par M. Lassus, proche des thermes et du casino. On y parle espagnol et anglais, et les curistes ont le téléphone à disposition. Le grand hôtel de France, tenu par M. Peyrafitte, se dit le plus ancien et le plus renommé de la station, et les malades peuvent acheter l'eau des sources à la pharmacie Tarison.

Luz-Saint-Sauveur, considérée comme la quatrième station des Pyrénées en 1900, possède des eaux sodiques employées à température naturelle, soit 32 et 35° C en douches, bains et boissons. Elles sont souveraines pour toutes les névroses, affections utérines, engorgements, catharres, ulcérations, grandes fatigues à la suite de couches laborieuses, hystéries, métrites et rhumatismes nerveux, tumeurs ou affections lymphatiques.

Arts et loisirs

GOÛTER LES LOISIRS EN ESTHÈTE, flâner aux terrasses des cafés, se rendre aux spectacles ou réciter les vers des poètes locaux, voilà une vision du monde digne de tous les soins. Cependant, à la Belle Époque, l'homme du monde et l'ouvrier ne fréquentent pas les mêmes lieux.

Le dimanche, après la messe, les hommes, perpétuant ce qui peut passer pour une véritable coutume dans les Pyrénées, s'arrêtent à l'auberge ou au cabaret, qu'on trouve en nombre à Argelès, Lannemezan, Bagnères-de-Bigorre, Arreau et Lourdes.

À la fin du XIXe siècle, la moitié des débits de boisson sont des cabarets, 30 % des auberges et 20 % des cafés. Auberges et cabarets offrent les mêmes services, c'est-à-dire qu'on y boit du vin, on y mange et on peut y dormir. Lieux de perdition pour les uns, de liberté pour d'autres, les cabarets et les auberges sont surtout fréquentés par les classes populaires qui se retrouvent pour jouer aux cartes, discuter et boire de l'eau sucrée, nom populaire de l'absinthe qui fut interdite au début du XXe siècle, à cause des ravages qu'elle causait. Mais absinthe ou pas, on boit beaucoup dans ces endroits.

Les cafés reçoivent l'élite sociale du pays, qui vient y jouer au billard et parler politique.

Sur le Maubourguet à Tarbes, où les militaires ont leur cercle, le café de l'Europe accueille la fine fleur locale, politique et aristocratique, tandis que les médecins, les pharmaciens et les bourgeois se rencontrent au café Riche. Les éleveurs de chevaux se réservent le Helder alors que les amateurs de courses hippiques vont au Cardinal ou au Kiosque.

Les excursions en voitures de louage, attelées ou automobiles, connaissent une grande vogue chez les curistes au début du XXe siècle (coll. J. Sainz).

Il est assez fréquent, avant la Grande Guerre, de rencontrer des montreurs d'ours, qui présentent leur spectacle de village en village, pour la plus grande joie du public, amateur de sensations fortes (coll. J. Sainz).

L'auberge de la Reine Hortense, dans les environs de Cauterets, est un but de promenade connu de tous les touristes (coll. J. Sainz).

Un public plus populaire se regroupe devant le café de Bayonne quand celui-ci, à la tombée de la nuit, donne des concerts. On voit alors les jeunes ouvriers, militaires et cousettes, terminer leur soirée au café du Centre, siège social du Stadoceste. D'autres fréquentent des cafés plus spécialisés, comme on en trouve dans chaque ville de garnison où les hommes ne font pas que jouer aux cartes dans les arrière-salles. Les soldats et les célibataires, mais aussi quelques pères de famille égarés venant acheter un moment de tendresse, y sont bien accueillis.

Les étrangers ont l'habitude de descendre au grand hôtel de la Paix et du Grand Soleil avant sa démolition en 1911, ou à l'hôtel Moderne, construit à la place de l'hôtel des Ambassadeurs après 1903.

La musique et la fête

La sortie traditionnelle du dimanche mène les Tarbais au parc Massey où, dans les allées, les enfants jouent au cerceau ou à tout autre jeu, en prenant soin de ne pas se salir. Les parents discutent entre eux, se saluent, les femmes coquettes font admirer leur dernière toilette. D'autres, se promenant sur la route d'Aureilhan, s'arrêtent au retour à la terrasse du café des Pyrénées avant de se retrouver autour du kiosque où la Lyre tarbéenne, présidée en 1907 par M. Lartet, ou l'orphéon des Troubadours se produisent à tour de rôle en concert, le mardi étant réservé à la musique militaire.

Car dans cette ville de garnison qu'est la cité tarbaise, la musique militaire occupe une grande place. Non seulement elle est présente à toutes les manifestations officielles et réceptions de personnalités de renommée nationale, mais en plus elle est sollicitée pour les bals et soirées de la préfecture. Ainsi le 16 septembre 1907, la musique de l'école d'artillerie donne-t-elle un concert où le préfet et ses invités peuvent apprécier *La Marseillaise*, l'ouverture des *Noces de Figaro* (Mozart), *Coppelia* (Delibes), *Werther* (une fantaisie de Massenet), *Tresoro mio* (Beccuci), *Lohengrin* (Wagner) et *Fascination* (une valse lente de Marchetti).

Plus populaires sont les caf'conc', bals, défilés du 14 juillet et fêtes diverses aussi nombreuses qu'il y a de corporations professionnelles, de sociétés de quartiers et de villages, qui font que la musique est partout, en tout lieu, depuis que, peu après les années 1850, apparaissent les fanfares, orphéons et harmonies jouant des airs populaires. Et bientôt chaque village, chaque bourg et chaque ville possèdent une ou plusieurs de ces sociétés musicales.

La fête de Madiran, les 14, 15 et 16 août 1907, propose le menu type des réjouissances populaires de l'époque. Les festivités s'ouvrent par des salves d'artillerie tirées le 14 au soir puis, le jeudi 15, à 6 heures du matin, nouveaux tirs pour réveiller tout le monde.

À 4 heures de l'après-midi, concert place Doussine, suivi à 5 heures des courses d'ânes disputées en face de la rue du Milieu (20 francs au premier, 6 francs au second et 5 francs au troisième). Il est spécifié que les jockeys monteront sans éperons ni cravache.

À 6 heures, bal et lancement d'un ballon face à l'école de garçons.

Le vendredi 16, à 9 heures et demie du matin, courses aux canards, courses en sacs et jeux divers donnant droit à de nombreux prix.

À 5 heures, grand bal et mât de cocagne.

À 8 heures et demie, grandes illuminations et bal champêtre.

Le dimanche, les familles tarbaises se promènent dans les allées du jardin Massey, où trône l'Ouragan, *une statue d'É. Desca (coll. J. Sainz).*

Il est précisé que les marchands ambulants et les saltimbanques trouveront des emplacements gratuits bien exposés.

Les fêtes de la Saint-Vincent à Bagnères-de-Bigorre, organisées le 28 janvier 1907 salle Frascati par le Bargatory Moutagnol, proposent elles aussi le programme que l'on rencontre lors de chaque animation se tenant dans une salle : concert, spectacle et bal pour finir.

Le spectacle donné ici est une pièce de Courteline, *M. Badin*, jouée par des acteurs amateurs de la ville. M. Laclaverie tient le rôle de M. Badin, Ch. Ducasse celui du directeur et M. Pambrun celui de l'huissier.

Le 10 février suivant, la chorale bagnéraise donne une soirée artistique où Mlle Dussert chante *Poètes et paysans*, M. Cazeaux *Les camelots* et *Potins de chambrée*, alors que de nombreuses autres chansons complètent un programme qui, rapporte la presse locale, connaît un succès au-delà de toute espérance.

Cette société musicale, créée en 1905, s'est fait apprécié dès ses premières prestations dont une, le 8 juin 1905 où, sur la promenade des Coustous, elle

BAGNÈRES DE-BIGORRE

Fête Nationale du 14 Juillet 1903

PROGRAMME :

Lundi 13 juillet

A 8 heures. — **Sonnerie des cloches** à toute volée annonçant la Fête Nationale.

A 8 heures et demie. — **Grande retraite aux flambeaux,** par l'Harmonie Bagnéraise et les Sapeurs-Pompiers.

A 9 heures, au Casino. — **Représentation populaire,** à prix réduits : *Le 1er mari de France,* comédie en 3 actes d'Albin Valabrègue.

Prix unique. — 2 francs.

Mardi 14 juillet

A 10 heures du matin. — **Distribution de pain** aux indigents, à l'Hospice.

A 10 heures et demie. — **Concert** aux Coustous par l'orchestre du Casino.

A 1 heure et demie, promenade des Coustous. — **Concert,** par le Rallye-Bigorre; **courses aux ânes, courses de Montagnards.**

A 3 heures, place des Thermes. — **Concert** par le Rallye-Bigorre, **tourniquet, mât de cocagne, courses en sacs, courses aux cruches.**

A 4 heures, au Casino. — **Concert** par l'orchestre.

A 8 heures et demie, aux Coustous. — **Grande Illumination; Concert,** par l'Harmonie Bagnéraise.

A 9 heures et demie, au Casino. — **Concert symphonique** par l'orchestre et la **Marseillaise,** chantée par M. BERRONE, baryton du grand Théâtre de Marseille, les artistes, les chœurs du Casino et les Chanteurs Montagnards.

Grand feu d'artifice

A 11 heures. — **Grand Bal populaire,** sous la Halle aux grains.

Programme des fêtes du 14 juillet de Bagnères-de-Bigorre, paru dans Le Courrier républicain.

PROGRAMME DE LA FÊTE

De l'Inauguration de l'Hôpital-Hospice

DIMANCHE 30 JUILLET 1911

A 7 h. 1/2 à la Mairie. — Distribution de pain aux indigents.

A 10 h. 1/4. — Cérémonie d'Inauguration de l'hôpital-hospice, avec le concours de l'Harmonie Bagnéraise.

A 11 h. — Promenade des Coustous; Concert par le Rallye Montagnard.

A 11 h. 1/2. — Cérémonie d'Inauguration des nouveaux locaux de l'Ecole primaire supérieure des garçons, avec le concours de l'Orchestre du Casino.

A midi 1/4. — Banquet officiel à l'hôtel Frascati.

A 2 h., aux Coustous. — Concert par la musique du 12e d'Infanterie.

A 3 h. 1/2., au Casino. — *Les Cloches de Corneville.*

A 5 h. 1/2., Place des Thermes. — Concert par le Réveil St-Hubert.

Exercices de gymnastique *La Bigorraise.*

A 8 h. 1/2, aux Coustous. — Grande Illumination, Concert par l'Harmonie Bagnéraise.

A 8 h. 1/2, au Casino. — Représentation de gala, *Les Saltimbanques.*

Programme des fêtes données à l'occasion de l'inauguration de l'hôpital et de l'école primaire supérieure de garçons à Bagnères, paru dans La Petite Gazette de Bagnères *(coll. J.-F. R.).*

La promenade des Coustous, avec son kiosque à musique, est l'endroit le plus fréquenté de la station thermale de Bagnères (coll. J. Sainz).

exécute avec brio *La Marseillaise*, *Salut au printemps*, *Le Docteur du village* et *Le Chant du départ*, sous la baguette de son chef Ph. Bérot.

La promenade des Coustous est d'ailleurs l'endroit privilégié des concerts. L'Harmonie bagnéraise s'y montre souvent et l'orchestre du Casino y joue le dimanche soir en saison. C'est encore le cas le 9 juillet 1905 où, sous la direction de M. Bovy, chef d'orchestre du Capitole de Toulouse, il est particulièrement applaudi par un public qui n'a pas l'habitude de fréquenter le Casino des thermes.

Les stations thermales rivalisent entre elles pour proposer les meilleures attractions musicales et artistiques. En 1900 déjà, le grand casino des Œufs, à Cauterets, possède deux cafés-concerts dont les orchestres se produisent tous les jours sur l'Esplanade.

Les fêtes sont organisées ici par le Syndicat d'initiative Cauterets-Attraction qui, le août 1903, met sur pied un concours d'élégance d'animaux suivi par le gratin mondain en cure ou en villégiature.

En voici les résultats :
– chiens adultes, prix remporté par l'animal de M. Cazayous ;
– chiennes adultes, médaille offerte par le sénateur Pédebidou à M. Domer ;
– jeunes chiens, médaille offerte par la Société d'agriculture à M. Péré ;
– chevaux de selle pour excursions, prix remporté par l'animal de Louis Lac ;
– ânes pour excursions, prix remporté par Adèle, appartenant à M. Berret.

Chaque année, Cauterets organise une bataille de fleurs et Bagnères une fête des fleurs, où sont récompensés les massifs et décorations florales les plus originaux de la ville. Au palmarès de l'édition de 1912, Yvette Péderade remporte la catégorie des voitures à quatre chevaux avec son ensemble intitulé « Les enfants du Coustous ». Les cafés Riche, de Paris et des Coustous sont primés pour leurs balcons fleuris, Mmes Berthe Haute et Monégier et les artistes du Casino sont remarqués pour leur attelage à deux chevaux, et M. Saint-Martin, les employés de Casino et le capitaine Brau remportent les prix des voitures à un cheval. Denise et André Monégier gagnent la catégorie voiture à ânes, Mlle Duco le prix des velocipèdes fleuris et M. Sèbe et M. et Mme Dardignac se voient couronnés dans la catégorie automobile.

À côté de ces animations, il existe de nombreuses séances récréatives organisées par des œuvres de bienfaisances. *Le Journal de Cauterets* écrit le 13 août 1903 : « Les dames patronnesses avaient organisé, mardi, une kermesse de charité dans la salle du patronage, 1 bis, rue Richelieu, au profit des œuvres paroissiales. Dès une heure de l'après-midi, une foule élégante se pressait devant les comptoirs très fournis en objets de toutes sortes, derrière lesquels se tenaient quelques grands noms de la colonie étrangère. Un intermède avec danses, chants et monologues, exécutés par les élèves de l'école des Frères, a agrémenté cette petite fête annuelle dont le produit a dû être fructueux pour les pauvres. »

Le dimanche suivant, dans la même salle, une soirée également au profit des œuvres de la paroisse est donnée avec le concours de Mme Géraldi, du Grand Théâtre de Bordeaux et de plusieurs amateurs de la station.

Alfred Rolland, compositeur né à Bagnères, fonde en 1832 une chorale de quarante chanteurs montagnards, qui fera le tour du monde avec, à son répertoire, l'hymne pyrénéen : « Halte-là, les montagnards sont là » (coll. J. Sainz).

Le casino de Bagnères offre, outre ses jeux de hasard, des concerts, des opéras, des pièces de théâtre et même des spectacles d'enfants (coll. J. Sainz).

La scène

Les théâtres des stations thermales, on ne peut plus actifs, accueillent régulièrement les grands artistes parisiens dont certains profitent de leur passage pour satisfaire à quelques soins.

En août 1903 sur la scène de Cauterets, Blanche Toutain et Maurice Luguet jouent *La Souris*, « une délicieuse comédie » si l'on en croit la presse qui ajoute : « La salle comble offrait un très beau coup d'œil par la richesse et l'élégance des toilettes ».

Les tournées Brasseur, Coquelin Cadet et Galipaux sont prévues au programme de la saison alors que dans un autre genre, les artistes du Chat noir et des Quat'zarts, célèbres cabarets parisiens, égayent les soirées du café Anglais avec leur répertoire « très fin, très humoristique et très varié ».

Mounet-Sully à Cauterets

Le Journal de Cauterets annonce pour le samedi 15 août 1903 l'inauguration du théâtre de la Nature, placée sous la présidence du député Fould. Le docteur Meillon, président du Syndicat d'initiative, a bien fait les choses, puisque pour cette première, il a obtenu que le grand acteur de la Comédie française, Mounet-Sully, vienne jouer *Œdipe roi*.

Pour présenter le cadre et l'acteur, le rédacteur du journal a puisé au plus profond de son âme, jusqu'à la dernière goutte d'un lyrisme enflammé.

« Les plaintes tragique d'Œdipe émeuvent l'esprit humain, or ici, Œdipe roi, c'est Mounet-Sully, c'est la perfection dans l'art, dans le beau, dans le sublime. Ce sera une admirable journée que celle du 15 août 1903. Les heureux spectateurs rapporteront des sensations ineffaçables de ce spectacle unique, dans ce cadre unique et cette innovation, pour laquelle le monde des lettres et des arts se passionne déjà, fera date dans l'histoire du théâtre.

Jamais depuis les spectacles de la Rome antique ou les tragédies de l'Attique, on aura assisté à pareille manifestation d'art pur, conspirant avec la nature pour charmer le spectateur !

Ce sera l'honneur du Syndicat d'initiative de Cauterets-Attractions, et en particulier de son président, le jeune et actif docteur Meillon, que d'avoir innové de pareilles fêtes d'art. Les amis du beau devront à ce jeune comité et à cette jeune initiative d'écouter des vers sublimes en admirant la nature. La splendeur du ciel, la molle bise qui les caressera, diront la joie de vivre, pendant que sur la scène montera le cri de l'humanité souffrante.

Rien n'égalera la grandeur du contraste. Il est vrai que ces plaintes leur arriveront par une voix merveilleuse, capable de traduire, tour à tour, et avec la même force expressive, la douleur, la terreur, la pitié et tous les sentiments dont est agité le cœur des hommes – voix d'airain, voix de velours, qui, alors qu'elle est le plus tragique, reste harmonieuse et soumise aux lois du rythme. Jamais pareille émotion n'aura pénétré un auditoire aussi profondément.

(...) Les montagnes boisées qui entourent l'amphithéâtre gazonné du théâtre de la Nature, les hautes cimes neigeuses de Peyrenère et du Monné qui bornent l'horizon, donnent à ce site l'aspect grandiose d'un cirque, coupé par les lignes sinueuses des montagnes sœurs, Péguère, Ardiden, Hourmigas et Vicsos, vers les gradins les plus élevés. Les yeux se reposent sur la variété des flancs des pics où s'étagent, ici le vert harmonieux de la riche flore des bois, là la nudité ensoleillée des gazons, alors que les sommets de granit détachent avec majesté sur un ciel clair leurs pointes aiguës, leurs tours crénelées et leurs lointains estompés.

Dans ce cadre, Mounet-Sully s'élèvera à une hauteur qu'il n'a jamais dépassée. Il croira être, sinon le roi de Thèbes en personne, du moins un acteur contemporain de Sophocle et des rives de l'Olympe. La lumière du soleil d'Espagne donnera à l'artiste de vastes aspirations, son âme s'envolera vers les cimes : elle déteste ce qu'il y a, ici-bas, d'artificiel et de médiocre... »

Lors de cette inauguration à laquelle, pour être honnête, le député Fould ne fait qu'une rapide apparition pour cause de partie de chasse, les jeunes lauréats des classes d'opéra et de chant du conservatoire de Paris donnent deux courtes pièces, *Orphée* et *Cavalleria ruticana*, avant de laisser la scène à Mounet-Sully. Ils étaient en villégiature avec leur professeur, M. Isnardon, pour gargariser leurs jeunes larynx épuisés après une année bien remplie.

Autres scènes

La saison 1903 du casino de Bagnères s'annonce elle aussi sous de bons auspices, avec une belle brochette d'artistes recrutés auprès des théâtres de Marseille, Toulouse, Bordeaux ou des Bouffes parisiens, auxquels la direction joint les chanteurs d'opéra de Bagnères M. Mathis, Mlle Jau-Boyer, première du gazon, et Mlle Léoncini, troisième chanteuse.

Pour la comédie, MM. Halphen, Daubel, grand premier comique, Fabre, comique, Jobert et Mmes Marie Lionnah, jeune premier rôle, Vassor, première ingénue, Dalila, duègne, et Lacour, deuxième soubrette, eux aussi artistes de Bagnères, complètent le plateau des acteurs. Ils auront à interpréter *La Dame aux camélias*, *Poil de carotte*, *Le Voyage de M. Perrichon*, entre autres pièces parmi les quinze inscrites au répertoire.

Pour les opéras, *Carmen*, *Faust*, *Manon*, *Rigoletto*…, les acteurs seront dirigés par M. Montagné, premier chef d'orchestre du Grand Théâtre de Bordeaux.

Le music-hall est un divertissement fort apprécié des foules par la diversité des numéros présentés. Acrobates, jongleurs, magiciens s'y produisent entre deux passages de chanteurs populaires ou comiques troupiers. À Tarbes, l'Eden-Mazarin présente tous les soirs d'avril 1907 un spectacle propre à dérider le plus neurasthénique.

On y applaudit les frères Joyeux, duettistes excentriques surnommés « les Rois de la cascade », Silver, fin comique troupier du genre Paulin, Mme Naïda, chanteuse de romance, et les chanteuses Jane Harry, Mme Wally et Mlle Maubrenge, surnommée la gigolette parisienne. Diverses chansonnettes par MM. Dojehan, Marigny et Lulu complètent le programme dont l'orchestre est placé sous la direction de M. Veuzel. Tous les soirs à 7 heures, la troupe exécute un concert militaire.

Le cinématographe

L'invention extraordinaire qu'est le cinématographe des frères Lumière en 1895 a très vite fait son trou dans les animations à la mode. Elle suscite un engouement qui touche tous les publics sans exception et contribue, malgré elle, à reléguer les cafés-concerts et quelques music-halls au second plan, dans la mesure où ceux-ci remplacent leurs chanteurs et musiciens par des projections.

Partout, on peut assister à une séance de cinématographe. Les associations le substituent à leurs spectacles comme à Bagnères où, pour les fêtes de Noël de

Un groupe d'enfants et leurs parents à la sortie d'un cinéma à Bagnères (coll. J. Sainz).

1905, la paroisse invite les fidèles à une séance salle Cazalas Gaillon avec, au programme, *Lourdes ancienne et moderne, La Crèche, L'Adoration des mages, La Vie de Jeanne d'Arc, Épisodes de la guerre russo-japonaise…*

Le programme du Royal cinéma, qui va de ville en ville et de village en village, a beaucoup plu aux gens de Bagnères car, devant le succès obtenu en avril 1908, il décide de prolonger son séjour.

Le 11 mai 1911, le Cinéma parisien, toujours à Bagnères, propose aux spectateurs *Pêche aux thons* (documentaire), *Soyons galants* (documentaire de savoir-vivre), *À la dérive* (drame poignant), *Cauchemar d'un fantoche* (comique), *Les Gaumont actualités, Vues de Nantes* (documentaire), *Le Cul-de-jatte emballé* (comique).

Et l'Idéal-Cinéma, rue du Temple, le 28 avril 1912, propose *Environs de Vienne* (documentaire), *Robinet aime la fille du général* (comique), *Pêche aux harengs à Boulogne* (documentaire), *Cyprien neurasthénique* (comique), *David et Goliath* (scènes bibliques).

D'autres ont pu, le 15 mars 1914, assister à *L'Enterrement d'un riche Chinois*, projeté au Petit Casino avec singes et chiens savants, *Pénard et Latringle agents de police* ou *La Boisson économique*, avant de voir les images du monde entier grâce au Pathé-journal.

La sculpture

Né en 1855 à Vic-Bigorre, Édouard Desca, qui fait ses études aux Beaux-Arts de Paris, reste un des plus célèbres sculpteurs hauts-pyrénéens. Un nombre incalculable de ses œuvres ornent les squares ou les places de la capitale et des villes de province.

L'Ouragan, sa première sculpture, acquise par la ville de Tarbes pour 5 000 francs et installée au jardin Massey, est la cause d'une véritable polémique. Par la nudité du sujet, certains souhaitent la déplacer dans un endroit où la pudeur des dames ne serait pas mise à l'épreuve. On tergiverse, on crée des commissions pour statuer sur le sujet, le temps passe et *l'Ouragan* est toujours à la même place.

Une autre de ses œuvres, *Revanche*, très virile, armée d'un gourdin, sert de monument aux vétérans de 1870 à Vic-Bigorre, depuis que le maire Joseph Fitte la commanda en 1894.

Sa statue de Danton, bien que deuxième prix de la ville de Paris, ne trouve par d'acquéreur dans la capitale. La municipalité de Tarbes l'achète et l'inaugure en grandes pompes en novembre 1903, en présence du ministre de la Guerre, le général André.

Le chef-lieu du département choisit Desca, avec le Bagnérais Escoula et le Tarbais Louis Mathet, pour construire la fontaine monumentale des Quatre Vallées, installée place Marcadieu. C'est une allégorie évoquant la beauté des Pyrénées avec, à ses pieds, la plaine de Tarbes et les vallées d'Aure, de Bagnères et d'Argelès. L'inauguration a lieu le 21 novembre 1897 en présence du maire M. Adam et d'Armand Sylveste, délégué par le ministère des Beaux-Arts. La Bigourdane, les Troubadours montagnards, la Lyre tarbéenne et la musique du 53ᵉ régiment d'artillerie assurent la partie musicale de cette grandiose cérémonie, tandis que le poète vicquois Simain Palay chante avec lyrisme le génie de Desca, sans évoquer les deux autres sculpteurs Escoula et Mathet. Le discours provoque immédiatement de leur part de sérieuses rancunes. Ils ne pardonneront pas à Desca d'avoir tiré tous les honneurs de leur travail commun.

Une autre fontaine, œuvre du sculpteur Frère, lauréat du salon des Artistes français à Paris en 1888, occupe un coin de la place Marcadieu. Elle représente une femme idéale regardant un amour se désaltérer à ses pieds, d'où le nom de l'œuvre, *Source d'Amour*.

Louis Mathet a l'honneur de sculpter une autre fontaine placée dans un premier temps sur le Maubourguet. Elle est inaugurée par le ministre Jean Dupuy qui, à cette occasion, revient sur ses terres. La statue porte le nom d'*Inondation*, mais, comme les deux autres, aucune goutte d'eau n'en est jamais sortie.

Paul Ducuing, de Lannemezan, Henri Nelli et Martial Caumont, de Tarbes, sont d'autres sculpteurs dont les œuvres se trouvent tant dans les musées du département que dans leurs villes natales.

Écrivains et poètes

C'est peut-être dans le domaine de la littérature que les Hautes-Pyrénées ont produit le plus grand nombre d'artistes, à commencer par la félibresse Philadelphe, qui ne quitta jamais son village de Gerde, mais que Frédéric Mistral lui-même aime à citer.

Jean-Baptiste Laquet, dit Jean de Cabadur, assureur de son état, né en 1873, reste l'immortel compositeur de *La Campanoise*, hymne local que tout Campan connaît :

« Je suis de la montagne
De ce charmant pays
L'hiver blanchi de neige
Et l'été tout fleuri
Je suis de ce village
Patrie des bons enfants
Cachée sous ce feuillage
Et qu'on nomme Campan. »

Philadelphe, la félibresse de Gèdre, découverte et admirée par Frédéric Mistral, n'a jamais quitté sa vallée. Elle ne pose sa quenouille que pour écrire des poèmes (coll. J.-F. R.).

Laurent Tailhade (1854-1919), né à Tarbes, est un esprit rebelle. Mis en pension très jeune chez les jésuites, il garde de cette réclusion chez les bons pères une véritable aversion pour le religieux. L'attitude de son père, trop autoritaire et brimant sa femme, le pousse à haïr toute forme de pouvoir.

Un premier prix aux jeux floraux de Toulouse grâce à son poème *Vers l'infini* (1874) décide de la vocation de celui qui aime Bagnères, ses bals, ses salons et son casino, où il peut exprimer à outrance son besoin de liberté. Ami de Mallarmé, il rencontre Verlaine et fréquente pendant quelques mois les cellules de la prison de la Santé en 1901 et 1902, pour avoir, entre autres répliques, répondu à un journaliste qui lui demandait son avis sur l'attentat à la bombe que l'anarchiste Vaillant a perpétré à l'Assemblée nationale : *« Qu'importe les victimes, si le geste est beau »*, et pour avoir écrit un pamphlet sur Waldeck-Rousseau dans le journal *Le Libertaire*. Ses amis Zola, Anatole France, de Hérédia et Mirbeau ont toutes les peines du monde à le faire sortir de prison.

Michel Abadie, né à Ayzac-Ost en 1866, passe toute sa vie dans le département du Cher. Il n'en écrit pas moins de charmants poèmes sur ses chères Pyrénées.

Tristan Derème, contrôleur des contributions directes à Arreau en 1910, puis à Tarbes, est un ami de Francis Jammes avec lequel il entretient une longue correspondance. On lui doit *L'Été fleuri* et *Petit poème* (1910), *Le Petit Cahier* (1911) ou *Le Poème de la pipe et de l'escargot* (1912).

Félix Barrère, journaliste à Tarbes avant de partir à Pau, fait paraître *Les Bigourdannes* en 1912, en même temps que Laurent Davezies sort son recueil *Quelques vers*.

Henri Desperriers, de Lannemezan, Jean-François Bœuf, d'Argelès ou encore Paul Hubert, connaissent à la Belle Époque une certaine renommée, ce dont ne s'est jamais soucié Francis Jammes.

Francis Jammes, né à Tournay en 1868, quitte les Hautes-Pyrénées à l'âge de 20 ans. Il suit sa mère partie s'installer à Orthez, dans les Pyrénées-Atlantiques, pour être plus proche de la tombe de son époux.

En 1899, il écrit ses premiers vers, *Six sonnets*, édités par un imprimeur orthézien. Six ans plus tard, son poème *Un jour* le révèle à la France littéraire. Le poète, ami de Claudel avec qui il excursionne longuement dans les Pyrénées en 1905, se convertit cette année-là au catholicisme, sous l'influence du père Michel Caillave, le plus paternel des bénédictins, dira-t-il. Il se marie avec Ginette Goédurp et, à sa manière, consacre sa vie aux autres. Il a quand même le temps d'écrire de superbes pages.

L'abbé Louis Péré, connu sous le pseudonyme de Louis de Campus, édite au début XXᵉ siècle des contes intitulés *Vallée de Barèges*, en quatre fascicules. Destinés aux curistes « romantiques et désœuvrés », ils parlent de légendes sans attaches locales ni historiques.

En lisant le journal

LES JOURNAUX n'ont jamais été aussi nombreux dans le département qu'à la fin du XIXe siècle et jusqu'à la Grande Guerre. Chaque parti politique possède sa feuille d'informations hebdomadaire, de même que chaque station thermale et chaque ville importante : le lecteur haut-pyrénéen n'a que l'embarras du choix.

À cette époque où, grâce à l'école obligatoire, presque tout le monde sait lire, les journaux sont dévorés de la première à la dernière page, avec une priorité pour les informations locales, les faits divers et le feuilleton, que les lecteurs attendent avec impatience. C'est lui qui les fidélise.

Parmi les titres en vente à cette époque, citons *Le Démocrate des Hautes-Pyrénées*, *Le Courrier républicain de Bagnères*, *Bagnères-Montagne*, *Les Pyrénées*, *L'Écho des vallées* qui en 1888 devient *L'Avenir*, *L'Action républicaine* (1905-1909), *Le Journal de Cauterets*, *Le Petit Tarbais*, *Le Semeur du dimanche*, *La Petite Gazette de Bagnères*, *Le Pyrénéen d'Argelès*, *La Petite Gironde*, quotidien régional, *Le Petit Indépendant*, *Les Pyrénées thermales*, *Le Réveil montagnard*, *Le Réveil paysan*, *Le Radical socialiste* (bimensuel), *La Voix de Lourdes* (1906-1907), *L'Union républicaine*, *L'Ère nouvelle*, *La Croix des Hautes-Pyrénées*, *La Croix de Lourdes*, *La Dépêche de Toulouse*, quotidien ayant une édition à Tarbes, et quelques autres publications littéraires, scientifiques et sportives, telles que *La Revue des Pyrénées*, éditée à partir de 1906.

Quelques faits divers

Toute la presse locale évoque, en 1903, le tremblement de terre ressenti à Bagnères le 13 juillet. Les enfants voient le sol de la cour de l'école des sœurs se soulever, les hommes, assis à l'auberge, se précipitent dans la rue aux premières secousses. Il y a un moment d'affolement... Le juge de paix, M. de la Jonquière, qui s'est plus de vingt fois battu en duel, leur crie de ne pas avoir honte de leur peur ! On ne déplore aucun dégât.

En feuilletant *L'Avenir*, on lit que, le 14 octobre 1906, le parquet se transporte dans la commune d'Escots, village des Baronnies, pour procéder à l'arrestation d'une femme ayant mis volontairement le feu à sa maison. Après avoir rangé en lieu sûr linge et mobilier, cette dame, la veuve Viau, verse du pétrole sur les planchers et allume elle-même l'incendie. Il s'agit bien entendu d'une bonne prime d'assurance à toucher, explique le reporter du journal. Dénoncée par sa fillette, la veuve Viau ne touchera pas un sou de son acte criminel, et comparaîtra en cour d'assises.

À la même date, on apprend qu'un accident s'est produit au 14e régiment d'artillerie de Tarbes. Le soldat Laffont, incorporé depuis trois jours seulement, regarde par la fenêtre de sa chambrée située au premier étage du quartier Larrey, lorsque, s'étant sans doute trop penché, il tombe sur le sol. Son état inspire les plus grandes inquiétudes.

Le 21 octobre, route de Montréjeau à Lannemezan, une carriole conduite par M. Andrieux est violemment heurtée par une automobile. Le choc de la collision est si puissant que les voyageurs de la carriole sont projetés avec force sur la chaussée. Relevés, ils peuvent rentrer chez eux.

Le 17 décembre 1906, une crue subite du gave de Pau dévaste la vallée d'Argelès. Le village d'Ouzous, à 420 mètres d'altitude, sur le massif de Pibeste, est ravagé et à moitié détruit par un torrent de boue et de pierres.

Quatre femmes disparaissent sous cette masse monstrueuse de 10 mètres d'épaisseur qui déferle entre les maisons dont certaines s'écroulent. L'une d'elle est transpercée par un chêne déraciné, comme par un épieu.

La troupe venue d'Argelès et de Tarbes a un travail difficile : il ne reste que des décombres.

Dans *Le Courrier républicain de Bagnères* du 3 janvier 1907, on lit qu'un certain Jean-Marie D., oublieux des lois de la plus élémentaire galanterie, écope de 25 francs d'amende pour avoir frappé sa voisine.

Le 24 du même mois, le dénommé Thomas Amaré, de Lesponne, est trouvé mort dans un fossé, aux abords de Campan. On suppose que, trompé par le brouillard, il aura fait une chute fatale.

Des ouvriers de l'usine électrique de Chiroulet, s'étant mis en grève pour réclamer une augmentation de salaire, ont trouvé un terrain d'entente avec leur employeur après l'arbitrage du juge de paix.

Le sieur Toujas est arrêté et conduit à la maison d'arrêt de Bagnères, sous l'inculpation de tentative d'assassinat sur la personne de M. Ozun, brigadier en retraite à Avezac-Prat.

Le 28 juillet, le même journal nous apprend que le docteur Laurent Cazalas a été élu conseiller général du canton de Bagnères.

Dans *Les Pyrénées de Tarbes*, le 3 février 1907, sous le titre « Avalanche à Barèges », le reporter écrit :

« Une avalanche est descendue du ravin de Midaou samedi matin à 5 heures, sur Barèges, avec un fracas épouvantable. La formidable masse, composée d'arbres, de rochers énormes et d'une effrayante masse de neige congelée, s'est abattue sur l'entrée de la bourgade, ensevelissant une vingtaine de maisons, dont le casino. Fort heureusement, les habitants avaient pu fuir, mais une malheureuse femme et deux enfants furent ensevelis sous la meurtrière avalanche. Le pays est entièrement sous la neige qui ne cesse de tomber depuis des jours, aussi les secours n'ont-ils pu être organisés avec rapidité, car il est impossible, sans courir de graves dangers, de se rendre à Barèges.

M. Jacquey, sous-préfet d'Argelès, a décidé d'envoyer sur la route la brigade de gendarmerie de cette ville, et de tenter d'accéder auprès des pauvres habitants. D'après les dernières nouvelles, l'hôpital militaire est gravement endommagé et trois bâtiments annexes ont été emportés. De mémoire d'homme, on n'avait jamais vu pareille catastrophe à Barèges. »

Les cantonniers déblayant la route après la dramatique avalanche qui ravagea Barèges en février 1907 (coll. J. Sainz).

Le même jour, à Castelnau-Magnoac, ses voisins ont retrouvé la veuve Carsalade morte, entièrement carbonisée. Un bon feu flambait dans la cheminée et une lampe brûlait sur la table.

Le 6 avril, *Le Journal des Pyrénées* signale à ses lecteurs que le roi d'Angleterre Édouard VII, venant de Biarritz par le train, s'est arrêté en gare de Tarbes, mais n'est pas descendu de son wagon pendant les dix minutes au cours desquelles les mécaniciens ont fait provision d'eau.

Le roi a cependant été aperçu derrière la fenêtre de son wagon-salon, avec un des superbes setters qui ne le quittent jamais.

M. Puyo, chef de cabinet du préfet, s'était rendu à la gare, dont toutes les issues étaient gardées. Les gendarmes restèrent postés le long des voies jusqu'au départ du train, à 6 heures du soir.

Le 11 mai, cambriolage à l'usine Magenc par des malfaiteurs profitant de la nuit pour forcer les serrures des bureaux de la scierie donnant rue des Graviers. Ils attaquent un coffre fort encastré dans le mur, et partent avec un butin de 900 francs, dont un billet de banque de 500 francs.

Le 16 septembre, même journal :

« L'Académie française vient de décerner son prix de vertu d'une valeur de 500 francs, à Mlle Marie-Marceline Courtiade, domiciliée à Luby-Betmont, commune de Trie. Sœur des deux sympathiques facteurs du village, elle soigne depuis trente ans son autre frère, infirme, avec un admirable dévouement. Mlle Courtiade avait reçu, il y a quelque temps, le prix Latour. »

Lu dans *Le Courrier républicain de Bagnères* du 18 juin 1908 : le nommé Péres, habitant Tuzaguet, a tiré des coups de revolver sur M. Pascau. Il est toutefois laissé en liberté provisoire.

Le jeune Pierre Ducouret, douze ans, s'amuse à grimper sur un arbre aux allées de la fontaine ferrugineuse, lorsqu'il perd l'équilibre et, dans sa chute, se fracture le poignet.

Le conseil municipal de Bagnères du 21 juin, tenu sous la présidence du maire M. Fortassin, a contracté un emprunt de 95 000 francs pour améliorer l'abattoir et rembourser les frais d'éclairage public à l'électricité. Il vote en même temps une subvention à la société de gymnastique la Bigorraise.

Le 12 septembre 1909, la locomotive du train de 10 heures, n'ayant pu s'arrêter pour une cause inconnue, défonce le butoir, le mur de la villa *Endrèbe* et arrête sa course sur la route de Tarbes. Il n'y a, heureusement, aucun accident de personne.

Le 29 septembre, on déplore un mort dans un grave accident d'automobile. M. Bourtoule, instituteur à Uzer, commune éloignée de 6 kilomètres de Bagnères, regagne son domicile à 7 heures et demie du soir, lorsque près de la villa Bonvouloir, au quartier du Pont de Pierre, il veut se garer d'une voiture venant de la route de Toulouse. Malheureusement au même moment, arrive en direction de Bagnères, une auto conduite par un officier supérieur en villégiature, qui renverse l'instituteur et lui passe sur le corps. Malgré les soins prodigués, le pauvre instituteur est décédé.

La Petite Gazette de Bagnères, le 16 mai 1911 :

« Dans la nuit de dimanche vers 1 heure, MM. Ancla et Pambrun ont conduit au poste de police une pauvre femme qu'ils venaient de retirer de l'Adour.

Interrogée, la malheureuse, qui ne paraît pas jouir de la plénitude de ses facultés mentales, a déclaré se nommer Galiay-Péré et habiter Sainte-Marie-de-Campan. Il a été impossible de savoir comment elle est arrivée à Bagnères.

Des renseignements ont été demandés lundi matin à la municipalité de Campan. Il a été établi qu'elle donnait depuis longtemps des signes d'aliénation mentale. Elle est âgée de soixante et un ans et prétend formellement n'en avoir que trente-cinq. Elle a été transférée à l'asile d'aliénés. »

L'Avenir, le 8 février 1914 :

« Au hameau de Mégé, dimanche soir vers 2 heures, une jeune fille, Hélène Mulot, dix-neuf ans, est tombée accidentellement dans le puits de la maison de ses parents. Malgré les soins empressés du docteur Houdé et des personnes présentes qui, jusqu'à 6 heures, ont pratiqué tous les secours humainement possibles, elle n'est pas revenue à la vie.

À signaler la courageuse conduite de Léonard Dérive, fermier, qui n'a pas hésité en se faisant tenir par les pieds, à plonger dans l'eau pour retirer la malheureuse.

En décembre 1912, un jeune homme de 20 ans mourait presque subitement, emporté par un mal terrible. Cette année, c'est au tour d'une jeune fille qui, à la fleur de l'âge, laisse dans le désespoir ses malheureux parents et ses camarades qui l'affectionnaient beaucoup. »

Ce même mois, le sous-préfet d'Argelès, M. Boiry, est remplacé par M. Sassier.

Le 15 février, un violent incendie se déclare de nuit, vers une heure du matin, à l'intersection des rues des Écoles et Virginie-Laurière, à Bagnères. Trois maisons portant les numéros 19, 21 et 23 sont en partie consumées. Elles appartiennent à M. Dauthis, de Sainte-Marie-de-Campan, et à la veuve Védère. Malgré la rapidité des secours et les efforts des braves pompiers ayant à leur tête le capitaine Carrère, rien n'a pu être préservé des trois immeubles, où logent des ménages ouvriers qui, après la catastrophe, n'ont d'autres refuges que les salles de l'hôpital.

Les sports

Le pyrénéisme et ses exploits

Dès la fin du XVIIIe siècle, les Pyrénées sont explorées par quelques rares bergers téméraires. L'histoire retient trois ou quatre noms de ces pionniers extraordinaires. Un siècle plus tard, le père du pyrénéisme, le comte Russel, et ses guides favoris, partent escalader le Vignemale, aussi élégants que des gentlemen se rendant au théâtre ou à une soirée mondaine, chaussures de cuir à peine renforcées, veste bien coupée, cravate obligatoire et élégant chapeau. Seuls objets insolites dans cette tenue, un bâton et une corde.

Le comte Russel, qui pendant de longues années a quasiment fait vivre à lui seul le village de Gavarnie, est né d'un père irlandais et d'une mère gasconne. L'homme a du tempérament. Il fait le tour du monde, des Andes à l'Himalaya en passant par la Sibérie, avant de tomber véritablement amoureux des Pyrénées, qu'il parcourt d'ouest en est, ouvrant une multitude de voies. Cependant, le Vignemale reste sa montagne préférée, à telle enseigne qu'en 1899, la commune de Barèges lui en cède officiellement la concession. Il en gravira alors trente-trois fois le sommet, y passant plus de cent cinquante nuits confortablement couché dans son « sac à dormir, » installé dans l'une des multiples « villas-grottes » qu'il a fait tailler à même le roc.

Parmi ses refuges personnels, le Paradis, le plus proche du sommet du Vignemale, est luxueusement meublé, toutes proportions gardées : tapis, vaporisateurs, lanternes et objets de salon font l'admiration de ses invités.

Mais le comte, s'il a gardé un rien de classe aristocratique, est surtout un sportif accompli capable de supporter les affres de la tempête et la rigueur du

Le Vignemale, montagne fétiche du comte Russel, père du pyrénéisme (coll. J. Sainz).

bivouac en hiver. C'est lui qui, le 10 février 1869, avec ses guides attitrés, les deux cousins Hippolyte et Henri Passet, fait la première hivernale du Vignemale.

Le pyrénéisme moderne était né.

Dix ans plus tard, le notaire Henri Brulle, avec De Monts, Bazillac et les guides J.-M. Sarrette et Pierre Bordenave, entreprennent la première du Vignemale par le couloir du Clot de la Hount.

Dès lors, les ascensions, ou plutôt les premières, vont se succéder. Pendant une dizaine d'années, ces trois pyrénéistes vont ouvrir une multitude de voies :

– le Mont-Perdu en 1888 par De Monts et les guides Célestin Passet et François Bernat-Salles ;

– le 7 août 1889, les mêmes auxquels se sont joints Bazillac et Brulle ouvrent le couloir de Gaube, course considérée à l'époque comme un véritable exploit ;

– le 31 juillet 1891, ils inaugurent la face nord du petit Vignemale ;

– le 25 août 1891, Brulle, Célestin Passet et François Bernat-Salles font en une journée le Vignemale et le Mont-Perdu ;

– le Marboré est escaladé le 13 août 1892 par De Monts, Brulle et les guides Célestin Passet et son cousin Hippolyte ;

– le 21 août, H. et R. Brulle accompagnés de Célestin Passet escaladent le Marboré par la brèche Henri Passet. Puis, c'est la Tour, par la face nord, avec les guides G. Passet et G. Castagne ;

– le 10 juillet 1914, ascension du Tuque d'Igéa par la face nord par les mêmes. Seule la guerre met fin aux exploits de ces infatigables pyrénéistes.

Les grands guides

Gravir un sommet est une expédition à préparer avec soin. Les sportifs ne partent pas sans bagages. Ils emmènent avec eux des vivres et de la boisson, des vêtements de rechange, des outils, du matériel pour coucher, du papier pour décrire et dessiner les paysages ; en un mot, ils sont lourdement encombrés.

Des porteurs sont chargés d'acheminer tout ce matériel jusqu'au sommet, quand les ânes ne peuvent plus passer. Ainsi donc, les guides marchent les premiers, les pyrénéistes en second et les porteurs suivent, mais pour tous les difficultés sont les mêmes. Guides et porteurs ont une qualité : ils sont d'excellents marcheurs et grimpeurs. Il le faut bien. D'ailleurs, à cette époque, la plupart des guides commencent dans la carrière comme porteurs, ainsi François Bernat-Salles. À l'inverse, des guides redeviennent porteurs.

Une liste des guides agréés est établie chaque année. Pour 1905, on recense à Aragnouet Jean-François Fouga, J. Bertrand et Péclose, guides de première classe. À Cauterets, Baptiste Labassa, Jean-Marie Genthieu, guides de première classe et la dynastie des Bordenave, Louis, fils de Pierre, Jean-Marie, fils de Dominique, et Henry Souly, de Gèdre.

De 1860 à la Grande Guerre, les guides de Gavarnie, qui restent les plus célèbres des Pyrénées, accomplissent plus de cent quarante premières. Leur renommée leur vient, certes de leur talent, mais aussi du fait qu'ils travaillent avec des sportifs hors pair : Russel bien sûr, dont la légende dit qu'il a créé le pyrénéisme romantique, alors que Brulle est considéré comme le père du pyrénéisme sportif.

Le guide à cheval conduit les touristes sur les chemins escarpés qu'il connaît parfaitement, lors d'excursions hors des entiers battus (coll. J. Sainz).

Chez ces guides célèbres, la famille Passet se distingue particulièrement.

Henri (1845-1920) est considéré comme le plus grand guide des Pyrénées. Il a mené vers les sommets les Russel, Packe, Joanne, le baron de Lassus et bien d'autres. Son père, Laurent, avait connu la renommée en grimpant le Marboré par une voie qui gardera son nom, la brèche Passet.

Henri, encore en activité en 1913 alors qu'il est âgé de 68 ans, est ébranlé par la mort de son fils unique, seul guide à ne pas revenir de la guerre de 14. Dès lors, il traînera sa tristesse jusqu'à sa mort en 1920.

Ci-contre :

*les guides, qui portent leur insigne distinctif au revers de leur veston, sont prêts à partir, cravatés et chaussés de cuir. Ils n'ont comme tout matériel qu'un bâton et une corde. C'est vêtus de la sorte qu'ils ont ouvert la plupart des grandes voies. Tout au plus avaient-ils aux pieds, pour ne pas souffrir de la neige, une paire d'*abarcas*, une peau de vache retournée avec lacets, qui se porte avec plusieurs paires de chaussettes et qui ne glisse pas (coll. J. Sainz).*

283. - CAUTERETS. -

Célestin Passet (1845-1917), son cousin, est guide et chasseur. Russel l'a surnommé l'isard bipède, c'est dire ses aptitudes à l'escalade. Il guide à partir de 1880 Bazillac, De Monts et Brulle, eux aussi fascinés par son agilité. Très demandé comme son cousin Henri, il voyage en Grande-Bretagne, en Afrique du Sud, en Éthiopie, en Sardaigne ou en Crête. Les deux cousins reçoivent, en 1890, la grande médaille du Club alpin français.

François Bernat-Salles (1855-1934) rencontre et travaille avec les mêmes pyrénéistes que les deux précédents. Avec Mathieu Haurine, il est décoré de la médaille d'argent de l'État pour sauvetage en montagne.

Les autres guides de première classe de Gavarnie, en activité à cette époque, s'appellent François Fédacou, Pierre Puyo et son fils André, Courtade-Salles, Junté, Arrouy et Germain Castagne, formé à l'escalade par son beau-père Célestin Passet.

Tous sont affiliés à une société de secours mutuel, sorte de caisse d'assurances, de maladie et de retraite, qui les aide, eux ou leur famille, en cas de besoin. À Cauterets cette société de secours se nomme la Société des guides de Cauterets. Elle a pour adhérents, en 1913 : Joseph Barrère, Paul Batan, Pierre, Jean-Marie et les deux Dominique Bordenave (oncle et neveu), Jean, Félix et Paul Genthieu, Dominique Grézat, Henri et Baptiste Labasse, François Lacaze, Jean-Pierre Latapie, Clément Latour, Auguste Palax, Édouard Port et Jean Poulot, tous guides de première classe.

Joseph Barbe, Auguste Bibé, Louis et Léon Bordenave, Pierre et Édouard Bordères, Laurent Bouérie, Vincent Bourda, Auguste Boyrie, Dominique Genthieu, Émile Latapie, Henri Lestasle, Marcel et Pierre Péré et Mathieu Soubirous sont guides de deuxième classe. L'un d'entre eux, Baptiste Vergez, a quitté Cauterets en 1904 pour rejoindre ses deux fils, émigrés au Chili. Il décédera là-bas en 1913.

Le grand Célestin Passet, l'isard bipède, tient à son titre de guide et chasseur. Il aime accompagner les touristes prêts à escalader la montagne pour passer une journée à l'affût derrière un pic rocheux, dans l'espoir de tirer la plus belle bête du troupeau. La chasse à l'isard dans les Pyrénées est une véritable institu-

Cet ours, tué dans les Hautes-Pyrénées au début du XXe siècle, a dû s'éloigner de son territoire espagnol, car, à l'époque, l'animal n'est plus guère signalé dans les Hautes-Pyrénées (coll. J. Sainz).

tion. Elle commence à l'automne, quand les mâles rejoignent les femelles et les jeunes et luttent farouchement en combat parfois mortel, pour avoir la suprématie.

On ne chasse pas seulement l'isard, mais aussi les rapaces, considérés comme nuisibles et malfaisants. Le 6 octobre 1910, *Le Courrier républicain de Bagnères* félicite Jean-Pierre Péteilh qui, sans coup férir, a abattu un gypaète barbu de 2,80 mètres d'envergure.

Quant aux ours, il n'en reste plus. S'il arrive qu'on en tue un, c'est qu'il s'est fort éloigné de son territoire naturel.

La course du Vignemale

En 1904, le syndicat d'initiative de Cauterets a l'idée d'organiser une épreuve de marche pour guides pyrénéens, appelée officiellement « championnat du Vignemale ». Cette course de 55 kilomètres emprunte le parcours Cauterets-sommet du Vignemale aller et retour.

12 — CAUTERETS - Ascension des Agudes

GAVARNIE
HOTEL DES VOYAGEURS
TENU PAR
VERGEZ-BELLOU, Propriétaire.
(*Bureau télégraphique*)
Cet Hôtel agrandi, restauré et meublé à neuf, se recommande par son excellente et ancienne réputation, son confort et ses prix modérés.
APPARTEMENTS DE FAMILLES
40 CHAMBRES ET SALONS. — PIANOS
Vue magnifique sur le Marboré, le Pimené, etc.
Réservoir de truites
VASTES ÉCURIES ET REMISES
OUVERT TOUTE L'ANNÉE-ÉCLAIRAGE ÉLECTRIQUE

Réclame de l'hôtel des Voyageurs, à Gavarnie, le berceau de la famille Passet, illustres guides s'il en fut, parue dans Le Journal de Cauterets *le 3 août 1903 (coll. J.-F. R.).*

Le vainqueur est Jean-Marie Bordenave, vingt-trois ans, qui effectue la distance en 6 heures et 6 minutes. Suivent Dominique Bordenave, Baptiste Labasse, Antoine Catala, de Luz-Saint-Sauveur qui, pourtant, est arrivé en tête au sommet du Vignemale, et Germain Castagne. Il y a vingt arrivants ; le dernier, Marcel Péré, a mis quatre heures de plus que le vainqueur.

L'épreuve amateur est remportée par le Palois Sallenave en 8 heures et 6 minutes devant Émile Latapie, de Cauterets, et Dabat, de Lourdes. L'épreuve des chasseurs, bergers et porteurs revient à Jean Lapeyre, berger de Cauterets en 6 heures et 59 minutes, devant son compatriote Pierre Bégarie, tandis que Gaston Péré termine troisième et premier porteur.

On raconte que durant la course, Jean-Marie Bordenave a perdu 6,7 kg !

La seconde édition, en 1906, connaît le même vainqueur qui pulvérise son record, puisqu'il met 5 heures 22 minutes pour effectuer les 55 kilomètres du parcours. Cette année-là, il gagne 400 francs. Suivent Baptiste Labasse et Dominique Bordenave. Il faut souligner que Jean-Marie Bordenave, surnommé Piron fils, est aussi un excellent skieur.

Ci-contre :

des guides et leurs clients arrivant au sommet de leur course (coll. J. Sainz).

L'observatoire du pic du Midi

En 1865, un groupe de pyrénéistes crée la société Ramond, du nom d'un de leur célèbre devancier, qui se donne pour objectif d'installer un observatoire météorologique au sommet du pic du Midi. Pour commencer, ils construisent un premier bâtiment au col de Sencours, qu'ils baptisent station Plantade, et dans lequel, pendant huit ans, le général Nansouty effectue des relevés quotidiens. La première pierre de l'observatoire proprement dit n'est posée qu'en 1878.

Élever un bâtiment à près de 3000 mètres d'altitude n'est pas chose aisée. Il faut acheminer les matériaux nécessaires (outils, ciments, brouettes, eau, planches, vivres, tuiles, portes, fenêtres, outils divers, ustensiles de cuisine, meubles et instruments de mesure) à dos de mulets pendant la bonne saison, quand il n'y a pas de neige. Ces caravanes d'animaux, portant chacun 100 kg de marchandises, effectuent quotidiennement le trajet pendant trois étés.

L'hiver, le seul moyen de ravitailler l'observatoire est de le faire à dos d'hommes, par porteurs. L'ascension commence chez Jean Brau-Nogué, à Gripp, qui effectuera plus de trois mille voyages. Il faut alors partir avant l'aube pour éviter les avalanches, monter jusqu'au col de Sencours où un thé au rhum attend les porteurs, puis repartir vers le sommet pour une course qui, ce n'est pas rare, dure parfois 8 heures.

En 1882, les fondateurs lèguent l'observatoire à l'État, et l'ingénieur Vaussenat en est nommé le premier directeur.

Pendant dix ans, le confort et l'espace au sommet s'améliorent, permettant de recevoir les plus grands savants qui s'y succèdent. Mais il est toujours aussi difficile d'y accéder et les hôtes doivent monter à pied, avec les porteurs.

Émile Marchand, devenu directeur depuis que l'ingénieur Vaussenat est mort d'une crise cardiaque au sommet, fait de l'observatoire un vrai centre scientifique. On y étudie l'électricité de l'air, le magnétisme terrestre, la vitesse et l'altitude des nuages… Il installe une lunette de 20 centimètres pour observer le soleil et les planètes, et crée un jardin botanique au sommet.

Une coupole provisoire est construite entre 1901 et 1904, avant l'installation définitive d'un télescope de 50 centimètres en 1907, pour lequel le matériel nécessaire a été acheminé pendant deux ans, jusqu'au sommet, par un régiment d'artilleurs de Tarbes.

Émile Marchand, comme son prédécesseur, meurt subitement en avril 1914. La guerre met les activités de l'observatoire en sommeil, si bien que le nouveau directeur, Joseph Rey, nommé en 1915, ne rejoint son poste qu'en 1917.

Ravitailler en toutes saisons les scientifiques est, durant de longues années, une véritable épreuve de force dont le porteur Jean Brau-Nogué s'est fait une spécialité. En hiver, il monte de la nourriture fraîche le dimanche matin, jour du marché de Bagnères. Mais si le temps est trop mauvais, la course est reportée. L'observatoire est relié en permanence par téléphone avec sa direction qui reste à Bagnères, à 20 kilomètres à vol d'oiseau, mais il arrive que rien ne fonctionne quand un individu indélicat vole, pour la revendre, une bonne longueur du fil de cuivre de la ligne. L'été revenu, scientifiques et touristes remontent en nombre au pic du Midi, les uns pour travailler, les autres pour excursionner et admirer le paysage. Sur leur chemin, ils rencontrent peut-être le facteur qui, deux fois par semaine, apporte le courrier. C'est sa seule tournée.

Le ski

Le 30 décembre 1903, trois hommes, MM. Sallenave et Falisse, de Pau, et Robach, de Condom, arrivent à Cauterets et entreprennent de monter, à ski, au lac de Gaube.

« La traversée de Cauterets, se rappelle Robach, *fut l'événement de la journée. »* C'est la première fois que les gens d'ici voient des hommes marchant d'un pas glissé, avec des espèces de longues planches rudimentaires recouvertes de peau de phoques en guise de chaussures !

La nouveauté va rapidement faire des émules et les guides ne sont pas les seuls à l'adopter. Les porteurs du pic de Midi l'utilisent, au moins pour redescendre, et les touristes s'y mettent. Il est si agréable de monter sur ces planches, de gravir les hauteurs et de redescendre à toute vitesse en longues glissades ! Les plus téméraires réalisent de véritables exploits, tel M. Ledormeur qui, avec une bande d'amis, fait la première traversée à ski du col du Tourmalet dans le sens Gripp-Barèges. À leur arrivée, ils sont accueillis en véritables héros.

C. C. - 128 - CAUTERETS - L'hiver - Caravane du Touring-Club à la vallée de Lutour

Dès que le ski apparaît, au début des années 1900, il connaît un véritable engouement. Les pratiquants partent en colonne sur les hauteurs, pour avoir le plaisir de redescendre en longues glissades (coll. J. Sainz).

Ce sport remporte un tel succès qu'en 1907 se créé le Ski-club cauterésien. Cette année-là, la mode des sports d'hiver introduit d'autres jeux, la luge et le bobsleigh notamment, pour lequel on creuse des tranchées où les sportifs peuvent s'en donner à cœur joie.

Dès 1907 aussi, le Club alpin français organise une grande compétition intitulée concours international championnat de France. En 1910, l'épreuve se déroule à Cauterets. Et pour la troisième fois consécutive, c'est le lieutenant Alloix, un Vosgien, qui remporte le championnat. Parallèlement une épreuve est réservée aux guides et porteurs, où Louis et Léon Bordenave se classent deuxième et troisième.

Excellent skieur, Léon Bordenave gagne en 1914 le championnat de la fédération des sociétés pyrénéennes, enlevant les épreuves de fond et de vitesse. Chez les dames, la course est remportée par Mlle Lapeyrette, charmante et téméraire chanteuse d'opéra, seule femme au départ.

En même temps, le Bobsleigh-club des Pyrénées organise une grande com-

Le patinage sur glace est un des loisirs préférés des touristes découvrant les sports d'hiver à Cauterets (coll. J. Sainz).

pétition festive à laquelle Louis Blériot participe. Pour l'occasion, on avait creusé une piste depuis la descente du Lisey jusqu'aux Néothermes de César.

Margalide Lebondidier, épouse du receveur de l'enregistrement de Campan, est la première femme à pratiquer le ski sur les pentes du château Saint-Paul. Léon Lebondidier, originaire de l'Est, avait été muté dans les Hautes-Pyrénées, qu'il adopta immédiatement, faisant beaucoup pour le tourisme local et le développement du ski. Pratiquant émérite, il termine notamment quatrième du concours de vitesse du château Saint-Paul en 1909, derrière Touzet, Carribe et Bosviel, les deux premiers arrivant dans cet ordre au concours de saut.

Léon Lebondidier imagine, en 1911, de se faire tirer à ski par la voiture du préfet Canal. Au début, le spectacle ravit les curieux et les mondains applaudissent la performance, mais l'auto tombe rapidement en panne, et c'est elle qui doit être tirée par un attelage de bœufs.

Le 25 janvier 1911 est fondé le Ski-club de Barèges. M. Lacrampe, maire d'Esquière, en est élu président. Deux ans plus tard, la société change son nom pour celui Ski-Toÿ. Son président est alors M. Stébenet.

La bicyclette

Le sport vélocipédique connaît dès ses débuts un engouement populaire assez fort. Toutes les classes de la société sont attirées par cette machine très pratique, symbole de liberté, sur laquelle, en quelques coups de pédales, on se déplace à grande vitesse d'un endroit à un autre. Et, bien que son prix dépasse encore largement le salaire d'un bon ouvrier, on n'hésite pas à économiser pour se la procurer, même s'il faut passer par le crédit.

À Bagnères, le grand Garage Central, 21, place Lafayette, tenu par M. Pambrun, vend et répare la plupart des marques connues à l'époque, dont Peugeot, de même que la maison Dabat, 8, rue Victor-Hugo. Et bientôt dans toutes les villes et les villages du département, les ateliers de mécanique et de réparation de machines agricoles se convertissent à la réparation de vélocipèdes, et plus tard d'automobiles.

Dès que la bicyclette apparaît, elle engendre la compétition. L'homme est ainsi fait, il doit démontrer sa force en se mesurant à ses pairs. Ainsi, de nombreuses épreuves voient-elles le jour, reliant une ville ou plusieurs à une autre, comme Tarbes-Bagnères-Campan aller et retour qui, le 23 avril 1906, est remportée par Pégot, un coureur de Juillan en 1 heure 58 minutes, devant Victorin, de Pau. Suivent Sébastien, de Juillan, Lapeyre, d'Aureihlan, Halivèges, de Pontacq, Baron, de Vic-Bigorre, Pomès, de Campan, et Fréchou, de Bagnères.

Tarbes possède, avec le vélodrome des Pyrénées, une belle enceinte sportive où se déroulent des épreuves de très haut niveau.

Le 12 mai 1907, l'Union cycliste tarbaise y organise une réunion internationale, les professionnels Fournous, d'Agen, Rutt, un Allemand vainqueur du grand prix du Président de la République et Fogler, deux fois vainqueur des six jours de New York, étant les principaux concurrents. Contre toute attente, la victoire revient à Fournous qui ne laisse aucune chance à ses adversaires.

Une épreuve pour amateurs inscrite au même programme est remportée par Nières devant Gessler et Clause, tous trois sociétaires de l'Union cycliste tarbaise.

Quelques jours plus tard, le 16 mai, a lieu la revanche, remportée cette fois-ci par l'Allemand Rutt. Fogler gagne la seconde course et le Tarbais Lamon enlève, devant Sensever et Ducour, la troisième épreuve du programme.

La même année en juillet, l'Union cycliste tarbaise organise le circuit de la Bigorre, sur 150 kilomètres, pour lequel deux classements sont établis. Chez les professionnels, le vainqueur est Lesgourgues, un Landais, devant Habierre et Ronaix. Sensever, de Tarbes, termine à la neuvième place. Chez les amateurs, c'est Lacoste qui l'emporte. Gabriel, de Bagnères, est quatrième, Cazaux de Lourdes, cinquième, Demarant, de Tarbes, sixième et Harbay, lui aussi de Tarbes, finit neuvième.

Au début du XXe siècle, la marque de cycle Peugeot organise, dans les différentes régions de France, le Grand Prix Peugeot trophée de France, réservé aux jeunes coureurs, les épreuves régionales qualifiant les deux premiers pour la grande finale parisienne.

Pour la Bigorre, la course a lieu le 16 avril 1911, sur le parcours Tarbes-Bagnères-Lannemezan-Tarbes. Elle est remportée par Dublanc, de Vic-Bigorre, devant Sarrat, de Tarbes, Capdevielle, de Lourdes, Sébastien, de Juillan, Lapeyre, d'Aureilhan, Marquette, de Lourdes, Prat et Pégot, de Juillan, Brettes, de Vic-Bigorre, et Soulès, de Tarbes.

L'année suivante, Pégot, de Juillan, gagne devant Th. Lapoterie, Capdevielle, de Lourdes, Sébastien, de Juillan, Rican, d'Aureilhan, et Harbay, de Tarbes.

Sur le parcours Tarbes-Juillan-Lourdes aller et retour se déroule, le 28 avril 1912, une course dénommée « La course des tout petits », réservée aux coureurs de 14 à 19 ans. Dubau, de Bagnères est victorieux devant deux mille personnes qui l'acclament. Il n'y a que quatorze classés, dont Aragnouet, de Lourdes, et Ricau, d'Aureilhan.

Le Tour de France

Sainte-Marie-de-Campan est entrée de plain-pied dans la légende du Tour de France un certain jour de 1913. Cette année-là, Eugène Christophe, surnommé le vieux Gaulois, un coureur extrêmement populaire qui porte le premier maillot jaune de l'histoire, est en tête de l'épreuve avec une telle avance qu'on ne voit pas qui pourra le battre à l'arrivée à Paris. À 14 kilomètres de Sainte-Marie-de-Campan, c'est l'accident. Il casse la fourche de son vélo. S'il veut continuer, il doit, selon les règlements en vigueur, réparer lui-même sa machine sans aucune aide extérieure. N'écoutant que son courage, Christophe, le vélo sur l'épaule, fait à pied les 14 kilomètres le séparant de Sainte-Marie où il entreprend, dans la forge de M. Gaye, de réparer seul sa monture, sous l'œil impitoyable d'un commissaire, autorisant juste M. Gaye et son gamin à actionner le soufflet de la forge. Bien sûr, le coureur perd un temps fou à réparer, mais la soudure tient bon. Il repart et arrive à l'étape de Luchon en pleine nuit. Il ne gagnera jamais le tour de France.

Le Tourmalet est franchi pour la première fois en 1910 par les coureurs du Tour de France. C'est d'ailleurs un beau scandale quand les cyclistes apprennent qu'ils auront à gravir l'Aubisque, le Tourmalet, l'Aspin et Peyresourde au cours de deux étapes. L'opinion publique s'en mêle et des coureurs, partis reconnaître le parcours, rapportent avoir rencontré des ours dans ces paysages qu'ils appellent «le cercle de la mort.» L'organisateur, Henri Desgranges, restant inflexible à leurs commentaires, se fait traiter d'assassin par Louis Trousselier, alors que Petit-Breton incite ses collègues à la révolte, mais rien n'y fait. Alors, dans la boue et les ornières, sur des vélos sans dérailleur pesant entre 18 et 20 kg, les forçats de la route gravissent en suant, tous muscles tendus, ce Tourmalet de légende. Octave Lapize, âgé d'un peu plus de vingt ans, l'un des plus grands champions de l'époque que la Grande Guerre emportera à la fleur de l'âge, passe en tête au Tourmalet devant Garrigou. Il gagne l'étape à Bayonne, comme il avait gagné la précédente à Luchon et, à Paris, remportera ce Tour de France.

Sports d'équipe

Quelques sportifs tarbais enthousiasmés par le football-rugby, ce jeu originaire de Grande-Bretagne, fondent le 24 mai 1901 une société qu'ils dénomment le Ceste, du nom du gantelet de cuir qu'enfilaient les lutteurs. En même temps, deux autres Tarbais montent une équipe de rugby, le Stado. Assez rapidement, les deux sociétés fusionnent pour devenir le Stado-Ceste. Le premier grand club de la Bigorre venait de naître.

Il joue ses premiers matchs sur le terrain de manœuvres des bords de l'Echez puis, après plusieurs déménagements, s'installe définitivement route de Sarrouilles, sur un stade inauguré le 17 novembre 1907, qui prendra plus tard le nom de Jules Soulé, un des dirigeants du club.

À cette époque, l'équipe du Stado-Ceste compte dans ses rangs des champions tels que Dufour, Brise, Moutier ou Galiay. Mais ce n'est que cinq ans plus tard que le club connaît la gloire en battant à Paris le Stade français au championnat de France, sur le score de 15 à 14. Les journalistes de la capitale, subjugués par la partie de Caujolle, l'arrière Tarbais, le baptisent « l'ours pyrénéen ».

D'autres sociétés telles que le Sport athlétique tarbais, le Sporting-club tarbais, Bigorre-sports participent aux compétitions du comité des Pyrénées, duquel les départements du Gers et des Hautes-Pyrénées vont se séparer en mai 1912, pour former le comité Armagnac-Bigorre. Le Stado-Ceste en sera le champion un an plus tard. Ses concurrents avant la Grande Guerre se nomment le Stade bagnerais, le club des Nouvelles Galeries de Tarbes, le Sporting-club aurois, l'équipe du 10e régiment de hussards de Tarbes et Lourdes, où le rugby se pratique à partir de 1911.

D'autres sports un peu moins spectaculaires occupent les jeunes Bigorrais, pour un but surtout éducatif. C'est le cas des sociétés de gymnastique comme la Bigourdane à Tarbes, fondée pour former des jeunes gens sains et vigoureux, aptes à prendre la revanche du désastre de 1870, en même temps que l'Alsace et la Lorraine aux Allemands. C'est pourquoi toutes ces sociétés préparent nécessairement au brevet militaire, que les jeunes gens mettent un point d'honneur à réussir.

STAND

Société de Tir de Cauterets

Classement du Grand Concours de Tir du 27 juillet au 10 août.

CONCOURS A. — (tireurs étrangers).

1er prix, M. le marquis de Grasse (Paris), 24 balles, 120 points ; 2e prix, M. Arnaud (Bordeaux), 24 balles, 115 points ; 3e prix, M. Hollanders (Bruxelles), 24 balles 111 points ; 4e prix, M. de Lestrauge (Paris), 24 balles, 108 points ; 5e prix, M. le commandant Flamand (Paris), 24 balles, 97 points.

CONCOURS B. — (tous tireurs)

1er prix, M. le marquis de Grasse (Paris), 24 balles 120 points ; 2e prix, M. Emile Bordenave (Cauterets,) 24 balles 120 points ; 3e prix, M. Arnaud (Bordeaux), 24 balles, 113 points ; 4e prix, M. Hollanders (Bruxelles), 24 balles, 111 points ; 5e prix M. Charles Cénac (Argelès), 24 balles, 110 ponts.

GRAND CONCOURS D'HONNEUR
(Entre lauréats)

Prix d'Honneur, M. Emile Bordenave (Cauterets), 24 balles, 107 points ; 2e diplôme d'honneur M. Cénac, conseiller général (Argelès), 24 balles, 104 points; 3e diplôme d'honneur, M. le marquis de Grasse (Paris), 24 balles, 90 points ; 4e no de classement, M Hollanders (Bruxelles), 24 balles, 83 points ; 5e no de classement, M. Arnaud (Bordeaux), 23 balles, 85 points ; 6e no de classement, M. le commandant Flamand (Paris), 23 balles, 76 points.

Un autre concours comprenant une catégorie spéciale réservée aux tireurs étrangers est ouvert du 11 au 25 août inclus. (Voir les affiches).

Résultats d'un des nombreux concours de tir organisés à Cauterets, parus dans Le Journal de Cauterets *le 3 août 1903 (coll. J.-F. R.).*

Mouvements d'ensemble, exercices aux appareils, grimper de corde sont le lot de ces jeunes athlètes. La plupart des écoles, lycées et collèges fondent leur propre association sportives qui se mesurent les unes aux autres.

À Saléchan, à l'instigation de l'instituteur adjoint Henri Uchan, la Fraternelle de Saléchan est fondée le 3 octobre 1909. Elle s'occupe de course à pied, de gymnastique française et suédoise, prépare bien sûr au brevet militaire et encourage la plantation annuelle d'arbres.

Le law-tennis concerne surtout les curistes et les touristes en villégiature dans les stations, qui organisent toutes leur championnat annuel. À Cauterets, le 31 août 1911, J. Porée remporte le titre en simple, en double avec M. Supervielle et en double mixte avec Mme Lambrigit.

Les courses hippiques connaissent un grand succès, non seulement à Tarbes, mais aussi à Bagnères où elles se déroulent pratiquement chaque semaine pendant la belle saison (coll. J. Sainz).

Sports spectacle

Les épreuves sportives, à la fin du XIXe et au début du XXe siècle, sont avant tout un spectacle. Les fêtes de village et les kermesses, en plus des jeux, concerts et bals, proposent presque toujours une course cycliste ou un match de rugby ou de football, que le public suit avec passion.

Les grands champions français et étrangers attirent la foule qui vient les voir comme on va au théâtre. Et les stations thermales, qui ne sont pas en reste, offrent à leur curistes des concours particuliers.

Le 6 août 1903, *Le Journal de Cauterets* donne le compte rendu d'une fête au cours de laquelle eurent lieu des courses d'ânes…

La première épreuve de galop est remportée par Gaston Péret devant Léon Bordenave, le célèbre guide décidément éclectique. Il gagne d'ailleurs la seconde course de galop et le prix des Dragons.

Les militaires et la guerre

Sous la troisième République, Tarbes s'affirme ville de garnison, avec d'abord la construction de la caserne d'infanterie (caserne Reffye) dès 1875 et qui, de 1881 à 1907, est dévolue au 53e régiment de ligne. Son dépôt est la caserne des Ursulines, aussi nommée caserne Dembarrère.

En même temps (1873-1879) s'élève le quartier Soult, où sont casernés les artilleurs et leur école, tandis que le général d'artillerie loge dans un hôtel particulier, légué par le maire Brauhauban.

En 1907, le 12e régiment d'infanterie, transféré de Perpignan à Tarbes, occupe la caserne Dembarrère. Quant au 10e régiment de hussards, il s'installe dès 1902 au quartier Larrey.

Le conflit à l'arrière

La déclaration de guerre du 3 août 1914 ne surprend personne, bien que les journaux, la veille même de la mobilisation générale, ne se fussent pas plus alarmistes que d'habitude. Il semble que l'événement s'écoule sur le peuple comme une fatalité.

Le 5 août, le maire Alexandre Boué, lui-même mobilisable, réunit le conseil pour assurer les Tarbais que la municipalité fera son devoir envers eux pendant cet affrontement qu'on prévoit de courte de durée.

Le départ des troupes se déroule dans le calme et, dès le 6, les militaires du 12e régiment d'infanterie sont au combat sur le front. Ce régiment, qui se couvrira de gloire avec quatre citations à l'ordre de l'armée, recevra la médaille militaire.

Les 10e régiments de hussards, 14e d'artillerie, 12e, 212e et 144e d'infanterie, quittent eux aussi la ville pour gagner directement le front.

La guerre n'est pas seulement affaire de militaires sur un champ de bataille. À l'arrière, la population est sollicitée. Les hommes mobilisés abandonnent les champs, les ateliers, les commerces et les usines. Les échanges commerciaux sont perturbés, les denrées arrivent mal ou sont réservées en priorité aux armées. À Tarbes, la farine manque parce qu'à cause d'un mauvais été, la moisson a pris du retard. On gère mal la question du ravitaillement, d'autant que le conflit ne se déroule pas comme prévu. On avait affirmé que ce serait l'affaire de quelques jours, voire quelques mois, mais il dure, il s'enlise et la liste des morts s'allonge tous les jours.

Aussi le rationnement ne tarde-t-il pas à apparaître comme la solution la mieux adaptée à la situation. Les cartes de pain circulent et les rations de charbon et de pommes de terre sont les mêmes pour tous. Seuls les hôpitaux, le bureau de bienfaisance et les coopératives obtiennent quelques réserves supplémentaires. Même chose pour le tabac, distribué contre des tickets une fois par mois au gymnase du marché Bauhauban, ce qui engendre quelques échauffourées.

Ces restrictions ont pour effet de rendre la vie plus chère. Malgré cela, les Tarbais répondent présents quand le gouvernement leur demande un sacrifice financier, notamment quand il collecte l'or des particuliers en 1915. Les Hauts-Pyrénéens lui cèdent plus de deux millions de francs.

L'affaire de tous

Dans le même temps, le chef-lieu du département doit faire face à un accroissement de sa population. Dès la fin du 1914, les Hautes-Pyrénées accueillent les gens du Nord et de l'Est, chassés par la progression des forces allemandes. Puis c'est le tour des blessés. L'hôpital mixte devient trop petit, on ouvre des hôpitaux auxiliaires dont un à la gare et un au collège de jeunes filles, alors que des prisonniers allemands sont retenus à la caserne Reffye.

Pour faire face aux nécessités de la guerre, on embauche de la main-d'œuvre à l'arsenal. Il y aura jusqu'à seize mille ouvriers en 1918, dont six mille femmes.

Les ouvriers viennent de tous les territoires français d'outr-mer : Indochine, Martinique, Madagascar. Ce personnel travaille dur, car il sort journellement

Ferdinand Foch, né à Tarbes (1851-1929), maréchal de France, de Grande-Bretagne et de Pologne. Il commande l'école de guerre en 1908, se distingue à la Marne et dans les Flandres (1914) et dirige la bataille de la Somme au cours de laquelle il est limogé. Il retrouve une responsabilité en mai 1917 et devient commandant en chef des armées alliées en France le 14 mai 1918, qu'il mène à la victoire. Clémenceau apprécie son énergie et sa foi en la victoire (coll. J.-F. R.).

vingt canons et six cent mille cartouches de l'arsenal. Durant les quatre ans que dure le conflit, les ouvrières de la cartoucherie se mettent en grève une semaine fin février 1918, pour réclamer une augmentation de salaire. Leur poste est un des plus dangereux puisque lors des explosions, rares cependant, qui se produisent dans leur atelier, certaines d'entre elles sont tuées.

Les réfugiés et les ouvriers étrangers au pays arrivent avec leur coutumes, ce qui pose quelques problèmes de sécurité publique. Les malfrats commettent des exactions dont plusieurs sont signalées. On se bagarre, on boit beaucoup, même les femmes qui, harassées de travail, trouvent dans l'alcool un échappatoire à leur dure existence. Là encore, la municipalité met tout en œuvre pour

En 1902, le 10e régiment de hussards s'installe au quartier Larrey (coll. J. Sainz).

Près de Lourdes, les soldats du camp de Ger sont de corvée de patates (coll. J. Sainz).

atténuer la misère, aidant financièrement le bureau de bienfaisance qui distribue la soupe et le charbon dans cinq quartiers de la ville, tandis que de leur côté, les salles de spectacle donnent 15 % de leur recette à la caisse de secours des blessés.

Le 18 octobre 1914, au casino de Bagnères, une matinée de bienfaisance en faveur des blessés présente Lucien Daune, Paul Tremblé et Gaston Turbé, chanteurs d'opéra prêtant gracieusement leur concours, tandis que le poète Laurent Tailhade fait une causerie.

Tant bien que mal, la population survit. Aussi, quand en fin de matinée, le lundi 11 novembre, la nouvelle de l'armistice est annoncée, un énorme mouvement de liesse populaire éclate dans tous les quartiers de la ville. Musique, offices religieux et réunions civiles fêtent la fin de cette période tragique qui a enlevé tant d'enfants à la terre des Hautes-Pyrénées, dont le capitaine Paul Grethner, directeur des établissements thermaux de Bagnères.

Un peu plus tard, à Lourdes, Mgr Schoepfer ressent une grande joie en enlevant le crêpe de deuil accroché depuis 1871 à la bannière alsacienne.

Gardiennes des traditions, les femmes, qui travaillent autant que les hommes, sont maîtresses chez elles, mais en public, elles s'effacent devant leur mari (coll. J. Sainz).

Coutumes et légendes

En Hautes-Pyrénées, les grands moments de la vie sont marqués par des coutumes et des obligations confinant parfois à la superstition, et dont la femme est la gardienne.

La femme

Le pasteur Louis-Charles Frossard écrit en 1893 dans le Bulletin de la société Ramond : « Le fait que la femme plie sous la charge alors que l'homme ne porte rien, n'est pas dans le courant de la civilisation chrétienne, mais plutôt un reste de mœurs sauvages et primitives. Tout le long de la chaîne des Pyrénées, la femme est une femme de peine, presque une bête de somme. »

Il est vrai qu'elle exécute les mêmes travaux que l'homme, ou du moins le seconde-t-elle en tout : labours, moissons, fenaisons, traite des bêtes tout en entretenant le potager et les volailles.

Mais à l'intérieur de la maison, elle règne en maîtresse, s'occupant de sa gestion, des repas, de la couture et de l'éducation des enfants. Elle se fait respecter et perpétue la tradition. Elle a la liberté de vendre pour elle aux auberges des truites, des lièvres ou des isards braconnés ou tués par inadvertance, et de s'acheter quelques fantaisies avec le produit de la vente. Si chez elle, elle discute d'égal à égal avec son homme, en public elle lui laisse le premier rang. Mari et femme se tiennent alors discrètement, sans signe d'affection, ne se donnant jamais le bras, se vouvoyant, comme leurs enfants qui les tutoient rarement.

Les grands moments de la vie

En Bigorre, la mort n'est pas cruelle, elle n'est qu'un passage et le cadavre fait partie de la maison. Parents et amis assistent le mourant dans ses derniers instants et, la mort venue, les premiers voisins vont creuser la tombe et s'occupent de tout, déchargeant la famille de tout souci matériel. Ils avertissent le curé, le maire, les connaissances, font les repas, s'occupent des bêtes et rentrent les foins si la mort survient à ce moment-là.

À la maison, les miroirs sont recouverts d'un linge blanc, la pendule est arrêtée et on allume des cierges auprès du lit du mort, que l'on veille en silence.

Le premier voisin a un rôle essentiel dans ces moments-là. Et s'il arrive qu'il soit fâché avec la famille du défunt, même depuis longtemps, il passe outre ses griefs pour la circonstance.

Quand survient un héritage, le droit d'aînesse s'exerce sans distinction de sexe. Bien que ce droit soit révolu depuis la Révolution (loi du 7 mars 1793), la tradition perdure grâce à des complaisances du clergé, des officiers publics et à l'entente de la famille. De ce fait, les cadets n'ont rien et doivent s'aligner sur les intérêts de la maison. Si leur présence s'avère nécessaire pour leur bonne marche, ils renoncent à fonder un foyer et restent travailler.

Les fiançailles sont longues, car le mariage est souvent une affaire d'intérêts et de promesses, parfois consignés devant notaire. Si elles sont longues, elles sont peu rigoureuses et il arrive qu'un héritier naisse avant l'heure. Mais c'est bon signe, la future montrant qu'elle peut avoir des enfants.

Quand un mariage se conclue entre deux promis n'habitant pas le même village, on plante deux pins enrubannés formant une espèce d'arc. À la sortie de la messe, les époux doivent passer dessous après avoir coupé avec une paire de ciseaux un ruban reliant les deux troncs. Ce rite, qu'on appelle la *roumego*, signifie l'acceptation de l'étranger nouveau venu au village. C'est bien sûr l'occasion de boire et de chanter.

La noce terminée, après que les invités ont bu à satiété et mangé autant, après que les musiciens ont rangé leurs instruments et que les mariés se sont éclipsés pour cacher leur bonheur, les jeunes partent à leur recherche. Ils leur apportent l'*aroste*, une manière de vin chaud fortement épicé, à moins que ce soit une soupe peu ragoûtante, que les époux doivent ingurgiter sans sourcilier s'ils sont découverts. Et ils le sont souvent. La jeune mariée, rougissante d'être vue dans sa tenue de nuit, fait des efforts surhumains pour avaler l'*aroste*, tandis que son époux se fait un devoir d'avaler le breuvage comme si c'était un verre de bon vin.

Les fêtes traditionnelles

La chasse à l'ours, qui peut durer plusieurs jours jusqu'au carnaval, est une coutume ancienne pratiquée par les jeunes gens, notamment du côté de Gèdre.

Un garçon déguisé en ours et un autre, appelé meneur, sont accompagnés d'une troupe où chacun a son rôle. Ce sont les chasseurs, le docteur, l'infirmière et les porteurs d'œufs et de lard, quêtés dans chaque maison, et que tous mangent le soir avec les jeunes filles qui ont préparé un léger repas.

Le meneur prononce un discours dans chaque quartier du village, contant sur le mode humoristique la capture de l'ours. Puis vient une danse au cours de laquelle un chasseur tue l'ours, vite remis sur pied par le docteur et l'infirmière, et la fête recommence dans un autre quartier jusqu'au soir.

Début mai, on fabrique des petites croix en bois de noisetier que, une fois bénies par le curé, on plante à l'angle des champs ou aux portes des granges pour les protéger. De même, à la Saint-Jean, on fait bénir des petits bouquets de fleurs qu'on gardera toute l'année, car ils préservent la maison de l'orage si, entendant le tonnerre, on jette une fleur dans la cheminée.

Pour les feux de la Saint-Jean, les jeunes gens entassent des fagots au pied d'un arbre qu'ils ont planté sur la place publique, et à la cime duquel ils ont accroché une petite croix surmontée d'un bouquet de fleurs cueillies le matin. Après les prières rituelles, le bûcher est allumé par le curé en présence du maire et des notables. La foule chante quelques cantiques et attend, parfois en dansant, que le feu se consume. Chacun retire alors des cendres quelques braises porte-bonheur, que les femmes rapportent à la maison pour la protéger.

Les rogations, au début du XXe siècle, gardent toute leur importance magique. Derrière le curé, de longues processions s'étirent dans les champs et s'arrêtent à chaque croisement de chemin où le desservant récite une prière. On place ainsi les récoltes sous la protection divine.

Un pays magique

Les Hautes-Pyrénées, pays superstitieux où l'on connaît toute une panoplie d'amulettes pour se protéger des sorcières, sont une terre bien mystérieuse. Des êtres étranges y laissent leur trace, on y rencontre des pierres bénéfiques, on y raconte aussi de terrifiantes légendes. Chaque village a la sienne, qui fait partie de son histoire et le démarque de son voisin.

Ainsi, à Anéran-Camors, il est une pierre dont le pouvoir est de rendre fécondes les femmes stériles, et de faire se marier les filles célibataires qui, les soirs de mai, viennent danser autour en la caressant. On dit d'ailleurs dans le village, quand une femme tombe enceinte, *« qu'ei anada a la petra »*, qu'elle est allée à la pierre.

À Arrens, il y a bien longtemps, un habitant du village aperçoit une nuit, sur le sommet du Pouey, une lumière qu'il ne connaît pas. Intrigué, ce bon paroissien va prévenir le curé, peut-être plus instruit que lui des choses mystérieuses. Les voilà tous les deux qui s'approchent de la lumière et découvrent, stupéfaits, qu'elle émane d'une statue de la Vierge.

Ils décident incontinent de l'amener dans l'église d'Arrens où, pensent-ils, elle sera plus à sa place ; mais la statue retourne au Pouey où il est désormais impossible de la déplacer. Devant ce signe évident de volonté surnaturelle, on décide d'élever une chapelle sur place. Depuis ce temps-là, la Vierge réserve ses miracles aux gens de la montagne avec qui elle converse en patois.

Aventignan est le repaire de Gargas, un ogre redoutable dont la légende se mêle à la réalité.

Au XVIIIe siècle, vit ici le bandit Blaise Ferrage, personnage ambigu si l'on en croit l'histoire. Très redouté, c'est un cannibale mangeant surtout les jeunes

Si le mauvais œil s'acharne sur les bœufs, il faut, pour le chasser, faire tournoyer dans l'air de l'étable un crapaud mourant attaché à une ficelle (coll. J. Sainz).

Dans les Hautes-Pyrénées où règnent les superstitions, on dit que pour se garder de tous les maux, il est bon de fabriquer un talisman avec une branche d'aulne coupée le 1er mars avant le lever du soleil (coll. J. Sainz).

Les gens de Gèdre, d'Arrens et de Gavarnie sont souvent impliqués dans les histoires de contrebande avec leurs voisins espagnols. À dos d'hommes ou plus souvent de mulets, ils font traverser la frontière à toutes sortes de marchandises. S'ils sont pris, ils risquent la prison, car les pauvres paysans des montagnes ne peuvent pas payer l'amende (coll. J.-F. R.).

filles. Cependant, on aime sa compagnie, car il est d'une grande sagesse et connaît les remèdes à tous les maux. Est-ce lui Gargas, ou est-ce cet autre malfaisant, un nommé Chaillet qui, après avoir écumé le pays, est condamné à mort en 1782 pour des crimes nombreux et divers ?

Quand arrive la grande épidémie de peste en 1588 et 1589, Bagnères est épargnée du terrible fléau grâce à une pieuse paroissienne du nom de Liloye. Cette dame qui a prédit la maladie décide, pour protéger la ville, de faire à genoux un pèlerinage jusqu'à Médous.

En signe de reconnaissance, la municipalité fait le vœu de renouveler la procession chaque année, ce qu'elle fait jusqu'à la Révolution. Une statuette de Liloye est encore visible dans une petite niche creusée dans un rocher du théâtre de la Nature, dans le vallon du Salut.

C'est à Balandraou, près d'Argelès, qu'habite la Dauna, une bonne fée entretenant dans son jardin un pommier aux fruits d'or qu'elle offre aux jeunes gens qui lui plaisent et qui, croquant la pomme d'or, deviennent éternels.

Bramevaque est un drôle d'endroit. L'histoire raconte que l'héritière du comte de Comminges épouse en troisième noces Mathieu de Foix, de 25 ans son cadet. Mal lui en prend car il l'emprisonne, de 1420 à 1423, dans le donjon du château. On dit alors que pour regagner les faveurs de son prince, elle fabrique des élixirs d'amour avec du sang de petits enfants jusqu'au jour où, n'ayant plus d'enfants sous la main, elle saigne un petit veau, dont la mère se met à bramer des jours et des jours, glaçant tout le pays d'effroi. Depuis, le village a prit le nom de Bramevaque, la vache qui brame.

En 1540, à Garaison, la Vierge est apparue à une jeune fille du nom d'Anglèse de Sagazan. Une chapelle construite sur les lieux de l'apparition devient l'objet d'un fervent pèlerinage. De 1599 à 1693, les annales relèvent cent soixante-dix-neuf miracles attestés. L'apparition de Garaison est une des premières que l'Église prend au sérieux dans les Pyrénées.

Sur la commune de Gèdre se trouve la chapelle d'Héas, qui connut un curieux destin.

Il y a bien longtemps, le vol de deux colombes indique l'emplacement d'une source, dans laquelle on découvre une statue de la Vierge. On décide aussitôt de construire un oratoire sur l'endroit et pour cela, on fait appel à trois maçons que, raconte la légende, trois mystérieuses chèvres viennent nourrir tous les jours. Or, il advient que les maçons, voulant peut-être changer de menu, tuent un petit des chèvres pour le manger. Dès lors, les animaux ne viennent plus et les maçons, sans nourriture, quittent le chantier.

Bientôt les catastrophes s'abattent sur le village et la chapelle. En 1580, les huguenots les mettent à feu et à sang, ne laissant que ruines et cendres. Vingt ans plus tard, une avalanche ensevelit tout et en 1650, un morceau de la montagne s'écroule et bouche la vallée qui n'est dégagée qu'en 1788.

Pendant la Terreur, la Vierge essuie le feu de trois soldats qui meurent sous la mitraille peu après leur forfait. Enfin, en 1915, une nouvelle coulée de neige détériore la chapelle qu'on ne reconstruit qu'en 1926. Lors de cette avalanche, seule la statue de la Vierge est restée bien droite sur son socle.

Un monstrueux dragon hantait, il y a bien longtemps, la vallée d'Isaby et dont le souffle puant, mais magique, fauche à qui mieux mieux les hommes et les bêtes. Pour débarrasser la contrée de cette vermine, un habitant d'Arbouix, village voisin, forge une énorme enclume qu'une fois chauffée au rouge il fait avaler au dragon.

On sait que ces créatures ne brillent pas par leur intelligence, et dès que le dragon vorace ingurgite l'enclume, ses entrailles le brûlent tant qu'il en crève, non sans avoir bu une grande quantité d'eau puisée dans tous les alentours, pour apaiser le feu de son ventre. Et toute l'eau qu'il a bu, se répandant de son cadavre, forme le lac d'Isaby.

Une étrange légende attribue la naissance du village de Lafitole à Gargantua, qui s'est soulagé ici en traversant le pays, les deux pieds posés sur les coteaux de part et d'autre de la vallée. Le nom exact du bourg est d'ailleurs Estron de Lafitola.

Sur le plateau de Lannemezan, la lande du Bouc est le point de ralliement des loups-garous et sorciers des Pyrénées et de toute la Gascogne. Le nom de Bouc lui a été donné en souvenir du prince des Ténèbres qui vient souvent sur terre avec une tête et des pieds de bouc. C'est du moins ainsi qu'on l'a vu la dernière fois sur le plateau.

La fontaine des Couloums, une des nombreuses sources guérisseuses du village de Lau-Balagnos, a la particularité de donner des enfants aux femmes stériles. Celle dénommée le *Det Barderoun* stimule, paraît-il, la virilité des

Au verso de cette carte postale envoyée par une certaine Choralie, jeune mère de famille, à sa tante le 2 juillet 1907: « Chère Tante, le pays est merveilleux, mais il fait un froid de loup. Cette nuit, il a beaucoup neigé sur le flanc des montagnes. De temps en temps il pleut, ce qui n'égaie pas beaucoup le pays, car je t'assure, quand le temps est brumeux, on dirait être dans un gouffre. On ne peut rien voir, ce qui est fort ennuyeux... »

hommes. Ce village est exceptionnel dans la mesure où il possède une fontaine pour chaque sexe.

La chronique raconte que le nom de Lourdes vient de la princesse Lorda, sœur de la reine de Hongrie qui s'est établie ici ou s'y est arrêtée. On dit aussi qu'une très ancienne cité repose au fond du lac. En voici l'histoire.

Il y a bien longtemps, à une époque où la fortune et l'aisance de la vie facile entraînent le peuple à relâcher ses mœurs, Dieu décide d'engloutir la ville pour éradiquer le vice de ce coin de terre. Dans sa grande clémence, il permet à une seule famille d'échapper au désastre, à condition que personne ne se retourne en partant. Hélas, une femme n'obéit pas à l'injonction divine et, sur-le-champ, est changée en statue. On peut d'ailleurs la voir encore aujourd'hui: c'est la grande pierre debout le long la route de Poueyferré, non loin de Biscaye.

La légende dit aussi que Charlemagne, en lutte contre les Sarrasins, assiège le château de Lourdes pendant longtemps, sans aucun succès. Un jour, un aigle volant au-dessus de la plus haute tour laisse échapper le superbe poisson qu'il vient de pêcher dans le lac.

Mirat, le chef des Sarrasins dont les troupes n'ont plus rien à manger, voit en ce fait un miracle et, aussitôt, se convertit à la foi chrétienne. En se rendant à Charlemagne, il prend soin de stipuler que, devenant chevalier de Notre-Dame, Mère de Dieu, il entend, pour lui et pour sa descendance, que son comté, libre de tout fief terrestre, ne relève jamais que d'elle seule.

Ainsi place-t-il Lourdes sous la protection de la Vierge et interdit à quiconque d'y lever une armée et d'y faire des prisonniers. Depuis cet événement, on voit sur les armes de la ville un aigle planant au-dessus de trois tours.

Il y a longtemps, à Luz, Ellen, une jeune femme ne pouvant avoir d'enfants, s'adresse à une bonne fée qui lui conseille de se baigner dans la source appelée Hountalade. Neuf mois plus tard, Ellen donne naissance à deux superbes jumeaux. Un évêque, écoutant cette histoire et celles d'autres miracles accomplis par la source, décide, en 1565 de la canaliser et de lui donner le nom de Saint-Sauveur.

La forêt autour de Mauléon-Barousse est un lieu étrange et peu fréquentable. Elle est le domaine de la *camuchech*, une espèce de boule noire qui, la nuit, guette le passant attardé, et danse autour de lui une ronde infernale. Les sangs glacés d'horreur et d'effroi, la pauvre victime meurt souvent de peur sur place.

Le bourg de Rabastens-de-Bigorre, fondé en 1306 par Guillaume de Rabastens, subit en 1570 l'occupation des huguenots de Montmorency, l'allié de Jeanne d'Albret. Les troupes catholiques de Montluc entreprennent de les déloger, ce qui entraîne une sanglante bataille au cours de laquelle Montluc reçoit une vilaine blessure au visage, qui l'oblige à porter un masque toute sa vie. Son armée a quand même eu le temps de ruiner complètement la ville, qui met plusieurs décennies à se relever de ses cendres.

Il existe à Sainte-Marie-de-Barousse une source miraculeuse dédiée à la Vierge, depuis qu'au XVe siècle une jeune fille sourde et muette fut guérie par une grande dame blanche.

Un certain Mariole, né à Sainte-Marie-de-Campan, est un solide grenadier de la garde impériale. Il a le privilège d'assister aux négociations de Tilsitt entre le tsar Alexandre Ier et Napoléon Ier. On raconte qu'un jour ce personnage facétieux présente les armes avec un canon au lieu d'un fusil réglementaire, geste probablement puni qui fait entrer son nom dans le langage commun, quand on veut parler de quelqu'un qui fait le pitre.

Remerciements

Sincères remerciements à José Sainz, président du club cartophile de l'Entre-deux-Mers à Pessac, pour le prêt des documents d'époque illustrant cet ouvrage, et au personnel des Archives départementales des Hautes-Pyrénées pour leur grande disponibilité.

Bibliographie

AGOSTINI (J.-J.), *Calendrier historique de Campan et de son canton*, Office d'édition et de diffusion du livre d'histoire, 1993.

Almanach de la Petite Gironde, 1930.

Almanach du Nouvelliste de Bordeaux, 1907.

Almanach Le Pélerin, 1906 et 1909.

Atlas Migeon, 1880.

AUBERT (J.), *Dans les Pyrénées, les villes d'eaux d'autrefois*, Éditions Horvath, 1993.

BAILHÉ (C.), *Autrefois les Pyrénées*, Éditions Milan, 1992.

BAUMONT (S.) (sous la direction de), *Histoire de Lourdes*, Éditions Privat, 1993.

BUISSAN (G.), *Hier, en vallée de Campan*, chez l'auteur, 1999.

FLURIN (R.), BOYRIE (F.), *Histoire de Cauterets, des origines à nos jours*, Éditions Créer, 1999.

LAFFON (J. B.), *Le Diocèse de Tarbes et Lourdes*, Éditions Letouzey et Ané, Paris, 1971.

LAFOURCADE (P.), MAISON (G.), *Lourdes autrefois*, Éditions Horvath, 1988.

LARRONDE (C.), *Édouard Desca, le Lion de Bigorre*, Bibliothèque municipale de Tarbes, 1989.

NICOL (A.), *Les Grands Guides des Pyrénées*, Éditions Marrempouy, 1989.

Rapport du Préfet, deuxième session ordinaire du Conseil général, 1910.

RATONNAT (J-F.), *Les Mystères du Sud-Ouest*, Éditions Sud Ouest, 1997.

Journaux consultés

L'Avenir, 1914

Le Courrier républicain de Bagnères, 1903, 1907.

Le Journal de Cauterets, 1903, 1907.

La Petite Gazette de Bagnères, 1911.

Les Pyrénées, 1903, 1907.

Les Pyrénées thermales, 1897, 1910.

Table des matières